南昌市卫生学校
国家中等职业教育改革发展示范学校建设成果

决胜职场:就业创业指导

行业顾问: 熊冀平

主　　编: 杨海根　王　洪

副 主 编: 余琳燕　胡春榜

编　　者: (按姓氏笔画排序)

万严冰　王　洪　王　敏　余琳燕

杨海根　胡春榜　黄淑珍　龚　勤

江西科学技术出版社

前 言

《国家中长期教育改革和发展规划纲要(2010～2020年)》提出,职业教育要面向人人、面向社会,着力培养学生的职业道德、职业技能和就业创业能力。就业指导课程是中职学校开展就业指导工作的重要手段和方式,也是转变学生就业观念、提升职业规划教育能力的主渠道。作为一门与学生学习、生活、工作紧密相关的课程,应贯穿学生从入学到毕业的整个培养过程,乃至于人生的整个职业生涯。本书旨在使学生树立起职业生涯发展的自觉意识,树立积极正确的职业态度和就业观念,把个人发展和国家需要、社会发展相结合,从而引导学生理性思考与判断,在学习过程中自觉提高就业能力和生涯管理能力,有效促进学生求职择业,充分树立"三百六十行,行行出状元"的职业信心和人生态度。

本书是《入学指导》的姊妹篇。课程编写组突出示范校创建工作需要,编写人员既有长期工作在就业指导一线的管理者,也有本课程授课的教师,更有行业企业人力资源部门的专家,他们对本书均有较大的贡献。本课程的教学方法主要采取体验式教学、任务式教学和项目式教学等一体化教学模式,综合运用课堂讲授、典型案例分析、情景模拟训练、互动游戏、角色扮演、职业探索、社会实践与调查等多元化的开放式的教学模式。在教学的过程中,教师要根据不同专业学生需要,有针对性地开展就业指导,以满足学生不同需求,从而激发学习兴趣,提高学习效果。

本书的编写以案例切入,引入各章节的核心知识点,在强调就业指导基本理论的同时,尤其注重实用性和可操作性,引入了一些大众创业的时尚元素,内容更加丰富,形式更加活泼,增加了可读性,也更容易被学生所接受。本书既可作为中等职业学校毕业生进行就业与创业指导教育的教材,也可作为未就业的中职学校毕业生的自学读本,即使对于从事中职学校学生就业指导与服务工作的同志,也是一本不错选择的参考书。本书在编写过程中,充分参考并借鉴了国内外诸多专家学者的相关研究成果,在此表示衷心的感谢!当然,由于时间仓促和篇幅所限,在编写的过程中,可能挂一漏万,在此敬请广大师生批评指正,以便不断完善。

南昌市卫生学校

二〇一五年六月

目 录

任务一

掀起你的盖头来——初识专业

【名人名言】

选择职业就是选择将来的自己。

——罗素

【案例导航】

陈小婷的父母都是医院的职工，从小她就耳濡目染了发生在医院里的故事，对护士这一白衣天使职业十分向往。小学毕业的暑假，奶奶不小心滑倒了，骨折躺在床上 3 个月，小婷在照顾奶奶的时候就下定决心，以后将从事护士的工作，特别是老年人的护理，他们更需要多一份的关爱。

小婷凭着自己的兴趣，在中考时选择进入卫生学校学习护理专业。在学校三年的时光里，她不仅学习到了护理专业知识，而且在毕业当年就考取了护士执业资格证书，经学校选拔进入市级医院工作。在工作之余，完成护理专业成人专科、本科的学历学习，在学历提升的同时，护士资格等级也从最初的护士向护师、主管护师慢慢递进，自己的职业目标一个个被实现。

【思考与讨论】

学生该如何正确地选择专业？专业与职业资格有何关联？

【温馨提示】

选择一个合适的专业，是一个人走向成功的捷径。职业是人们谋生的手段，是实现人生价值的舞台。职业资格证书可以反映个人的职业能力和水平，在求职、转岗、晋升以及创业中具有重要作用。

子任务一
疑问丹:了解专业及职业资格

现代中等职业学校的教育目标，是使学生在校期间进行知识、理论的学习，并通过技能的训练，最终转化为或体现为专业能力，使学生成为会学习、工作，能够自立于社会的人，成为自觉探求新知，不断完善自我，主动适应社会发展和职业变革的人。学生有了丰富的知识和能力基础，有了正确的价值观和科学的思维方法，就会极大地提高就业的适应能力，成为一专多能的全能型人才。

一、专业

1. 专业的涵义

专业是指在高等学校的一个系里或中等专业学校里的学业门类。它是指人类社会科学技术进步、生活生产实践中，用来描述职业生涯某一阶段、某一人群，用来谋生，长时期从事的具体业务的作业规范。

中专学习阶段与初、高中阶段相比，最大的区别就是要学习特定的专业知识。专业是根据社会分工需要而划分的，具有明显的技术性和职业性。各专业有不同的教学计划，体现本专业的培养目标和要求，是学生就业的基础，是为学生顺利就业和职业生涯可持续发展服务的。

2. 如何正确选择专业

(1)兴趣驱动

有一句谚语说:如果你不知道你要到哪儿去，那通常你哪儿也去不了。所以，确立一个专业方向和职业目标，清楚地知道自己未来想干什么是选择专业的前提条件。做到这一点的关键就是认清自己，找到自己的兴奋点和兴趣所在。

浓厚的兴趣是一个人事业腾飞的引擎,而对兴趣的无悔追求是事业成功的巨大推动力。对于学生来说,虽然其兴趣会随着年龄增长逐渐清晰,但兴趣不稳定的因素还是存在的,所以处在这一阶段的中学生要在父母、老师甚至心理专家的帮助下,找出自己的真正兴趣所在,据此选择专业方向。

(2)适合自己

仅凭兴趣选择是不全面的,感兴趣的事情并不代表自己就有能力去做。因此,清楚自己能干什么、适合干什么是选择专业的必备条件。因为不同能力优势的人适合学习的专业和未来从事的职业是有所区别的,如空间能力强的人适合于从事机械制造、工程设计、建筑等理工科的专业和艺术方面的专业,以及与这些专业相对应的职业;言语能力强的人适合于学习语言文学、文字编辑、翻译、文艺创作等专业和从事相应的职业,如伟大的物理学家爱因斯坦因思考方式偏向直觉,就没有选择数学而是选择了更需要直觉的理论物理作为事业的主攻方向。

每个人都有自己的能力优势和个性特征,有自己的长项、弱项,只有在充分认识自己的前提下,才能恰当地选择好适合自己的学业和专业方向。

(3)社会需求

在明确自己想干、能干的专业领域和事业方向的同时,还应兼顾考虑社会的需求和未来发展前景等外在因素,这是专业选择是否成功的基本保证。

如果所选择的专业自己既感兴趣又符合能力要求,但社会没有需求或需求极少,未来就业机会渺茫,从起步来说,这样的职业生涯规划就有可能面临失败。由于社会人才需求、劳动力市场变化发展的不确定性,衡量社会需求以及发展前景不是简单的事情,因而在选择专业时,应综合权衡、统筹考虑,正确分析处理好专业冷与热、当前就业市场需求大与小等矛盾,力争做到在择己所爱、择己所长的同时择社会所需,理智地走好职业生涯规划的第一步。

二、职业

1.职业的涵义

职业是指人们从事的相对稳定的、有收入的、专门类别的社会劳动。它是对人们的生活方式、经济状况、文化水平、行为模式、思想情操的综合反映,也是一个人的权利、义务及职责,是一个人的社会地位的一般性表征。

2.职业的意义

职业对于个人的发展十分重要,它不仅是个人谋生的需要,还是实现自我、贡献社会的途径。对于从业者而言,职业的意义在于:

(1)谋生手段

个人通过就业实现生存的需要,获得个人最基本的安全感。在从事职业过程中为生存提供保障,为社会创造财富。

(2)获得社会地位

就业者在投入职业活动中,根据就业性质和形式的不同,造成了劳动方式、经济收入的不一,形成了不同的社会层次。

(3)实现自我价值

在职业活动中体现了其岗位及其目标,只有以职业为起点,才能实现与社会整体的整合。通过职业活动满足了个人对社会、单位的归属感,并提供个人为社会做贡献的场所,同时也满足了个人对归属、爱、尊敬与被尊敬的需要。

3.职业的特征

(1)经济性,即从中获取收入。

(2)技术性,即可发挥才能和专长。

(3)社会性,即承担生产任务,履行公民义务。

(4)促进性,即符合社会需要,为社会提供有用的服务。

(5)连续性,即所从事的劳动相对稳定,而非中断性的。

4.职业的分类

我国的职业划分为八大类:

(1)国家机关、党群组织、企事业单位负责人;

(2)各类专业技术人员;

(3)办事人员及有关人员;

(4)商业及服务业人员;

(5)农林牧渔水利业生产人员;

(6)生产、运输人员及有关人员;

(7)军人;

(8)其他人员。

5. 专业与职业的关系

人生好比马拉松,选择专业就像比赛刚刚开始。而无数的事实表明:一个人无论是处于主动或盲从而选择了某一学科,他都无法保证那个专业一定是自己将来要从事的职业或事业。最关键的是在专业学习的背后,有意识地提高各方面的综合素质。随着社会的快速发展,会新增许多职业。这时候,如何在激烈的竞争当中脱颖而出,使自己成为社会需要的人才,是在学校时就要着手准备的。

(1)学以致用

狭义上讲,学以致用是指“专业对口”,广义上则是指毕业生无论从事何种类型的职业,其工作性质与所学专业有密切的联系。可以是本专业范围内的工作,也可以是相近专业的工作。学以致用,可以充分发挥毕业生的专业特长,使毕业生在工作中如鱼得水,脱颖而出,取得事业上的成功,同时也能避免人才浪费。

(2)跨行业从业

跨行业招聘已成为大型企业招聘人才的一个重要参考标准和用人机制,并且该趋势目前一直呈发展状态。职业的不同必然带来收入、户口、工作环境等的相应变化,但只要你未雨绸缪,培养多方面的知识、能力、技能,尽早做出自己的个人成长计划,最初的专业选择与毕业后从事的职业或最后从事的职业已经没有必然联系。

(3)专业与职业变动

在校学习期间,专业选择只是在你人生过程中的一些经历而已。关键是,你是否在学习期间做了充足的准备,你的知识、能力、观念、心态、心理素质、经验都有什么程度的增长。外在的环境条件是让人捉摸不定的,外部的机会也是很难预测的,很多因素并不是这些年龄的人所能把握和理解的。就像选择专业一样,一个十四五岁的孩子怎能知道自己到底将来要干什么,怎能知道自己十年之后能不能满意呢?今天的选择不要忽视,明天的准备才是最重要的,你的未来不是梦,你的未来就是今天科学的、系统的个人发展规划,并将随着时间的流逝而愈见清晰、愈见精彩、神奇和美妙的必然结果……

那些走出校门很快能融入社会,并被用人单位认可和接受的学生,大多是在知识准备、能力准备和观念心理准备都相对充足的前提之下，才能获得发展机会的。即便他们会遭遇挫折，也能依靠自身的实力重新调整，甚至任何一次经历都会成为他们人生的财富。

三、职业资格证书

1. 职业资格的定义

职业资格是指从事某一职业所必备的学识、技术和能力的基本要求。职业资格包括从业资格和执业资格。

从业资格是政府规定专业技术人员从事某种专业技术性工作的常识、技术和能力的起点标准。从业资格通过学历认定或考试取得。

执业资格是政府对某些技术性强、服务质量要求高、覆盖面广、责任大的专业技术工作实行的准入控制，是专业技术人员依法独立开业或独立从事某种专业技术工作学识、技术和能力的必备标准，执业资格通过考试取得。

2. 学历证＋资格证的"双证"人才培养模式

我校按"双证"标准培养学生，即毕业证＋资格证。

以护理、助产专业毕业生为例，根据《护士执业资格考试办法》的有关规定：需要在中等职业学校、高等学校完成国家教育主管部门和国家卫生主管部门规定的普通全日制 3 年以上的护理、助产专业课程学习，包括在教学、综合医院完成 8 个月以上护理临床实习，并取得相应学历证书的，可以申请参加护士执业资格考试。护士执业考试每年举行一次。

毕业生自通过护士执业资格考试之日起 3 年内，应向卫生行政部门提出护士执业注册申请，护士经执业注册取得《护士执业证书》后，方可按照注册的执业地点从事护理工作。护士执业注册有效期为 5 年。

3. 我校各专业及对应的职业资格证书

专业	职业资格证
护理、中医护理	护士资格证、护理员、心理咨询员
助产	护士资格证、育婴员、心理咨询员
药剂	药学士、药剂员、医药购销员、医药储运员
口腔修复工艺	口腔医学技士、义齿成型制作工、义齿模具工
康复技术	康复技士、听力技术师、助听器验配师
营养与保健	营养士、公共营养师(四级)、配膳员
农村医学	执业助理医师(乡村)、乡村医生

子任务二
兴趣散:了解自己的职业目标

【读一读】

刘海洋家住国道旁,来往的车辆很多,从小就对汽车感兴趣,特别是当汽车发生故障,司机师傅着急的样子,就萌生了开个汽车修理店的想法。

初中毕业后他如愿选择了汽车工业学校学习,立志要当一名优秀的汽车修理技师。在学校期间努力学习专业知识,掌握各种修车技术,了解汽车修理的原理,提高了自己的动手能力。

毕业时,他不仅拿到了毕业证,同时还考取了汽车修理职业资格证书,进入一家修理厂工作。几年后,他又取得了高级技师证,被一家知名汽车4S店聘为高级技术人员。

【想一想】

如何确立自己的职业目标,并向着这个方向努力奋斗?

【人生启迪】

兴趣是学习和工作的重要动力,它能极大地调动我们的潜能,使我们长期专注于某一方向,并为此付出努力,从而实现自己的职业理想。

通过有效的职业生涯规划,可以使学生认识到自身的个性特质现有和潜在的资源优势,帮助学生认识自身的价值并使其持续增值,可以对自己的综合优势和劣势进行对比分析,着力培养职业特质,树立自己的职业发展目标和职业理想,从而能规划自己的学习与实践,并为自己获得自己认为理想的职业而去做各种准备,比较客观地评估自己的个人目标与现实之间的距离,运用科学的方法采取切实可行的步骤和措施,不断增强职业竞争能力,实现自己的职业目标与理想。

一、职业规划

1. 职业规划的定义

职业规划,是职业生涯规划的简称,是指个人与组织相结合,在对一个人职业生涯的主客观条件进行测定、分析、总结的基础上,对自己的兴趣、爱好、能力、特点进行综合分析与权衡,结合时代特点,根据自己的职业倾向,确定其最佳的职业奋斗目标,并为实现这一目标做出行之有效的安排。生涯设计的目的绝不仅是帮助个人按照自己的资历条件找到一份合适的工作,达到与实现个人目标,更重要的是帮助个人真正了解自己,为自己定下事业大计,筹划未来,拟定一生的发展方向,根据主客观条件设计出合理且可行的职业生涯发展方向。

2. 职业规划的意义

(1)职业规划可以发掘自我潜能,增强个人实力。①引导你正确认识自身的个性特质、现有与潜在的资源优势,帮助你重新对自己的价值进行定位并使其持续增值;②引导你对自己的综合优势与劣势进行对比分析;③使你树立明确的职业发展目标与职业理想;④引导你评估个人目标与现实之间的差距;⑤引导你前瞻与实际相结合的职业定位,搜索或发现新的或有潜力的职业机会;⑥使你学会如何运用科学的方法采取可行的步骤与措施,不断增强你的职业竞争力,实现自己的职业目标与理想。

(2)职业规划可以增强发展的目的性与计划性,提升成功的机会。生涯发展要有计划、有目的,不可盲目地"撞大运",很多时候我们的职业生涯受挫就是由于生涯规划没有做好。好的计划是成功的开始,古语讲,凡事"预则立,不预则废"就是这个道理。

(3)职业规划可以提升应对竞争的能力。当今社会处在变革的时代,到处充满着激烈的竞争。物竞天择,适者生存。职业活动的竞争非常突出,要保持立于不败之地,必须设计好自己的职业规划。不少应届毕业生不是首先坐下来做好自己的职业生涯规划,而是拿着简历与求职书到处乱跑,总想会撞到好运气找到好工作。结果是浪费了大量的时间、精力与资金,到头来感叹招聘单位是有眼无珠,不能"慧眼识英雄",叹息自己英雄无用武之地。实际上,未雨绸缪,先做好职业生涯规划,磨刀不误砍柴工,有了清晰的认识与明确的目标之后再把求职活动付诸实践,这样的效果要好得多,也更经济、更科学。

3. 职业规划的原则

(1)职业生涯规划必须与社会需求相结合。把握社会对人才需求的动力,以社会需求作为出发点和归宿,这样的职业生涯规划才有现实性和可行性。

(2)职业生涯规划必须与所学专业相结合。学生在进行职业生涯规划时,应以所学专业为依据,如果所选非专业,即如在参加工作后得重新补课,这将在无形中增加自己的负担。

(3)职业生涯规划必须与提高综合能力相结合。知识经济时代应推陈出新,追求创新。要求学生要有广博的视野和不断创新的能力以跟上时代的脚步,应付各种挑战。

(4)职业生涯规划必须与增强身心健康相结合。没有健康,智慧就难以实现。在人生选择与实践中,应培养和锻炼自己对挫折的承受能力和情绪调控能力,以正确的人生态度对待困难和挫折。

二、职业规划实施

要做好职业生涯规划就必须按照职业生涯设计的流程,认真做好每个环节。职业生涯设计的具体步骤概括起来主要有以下几个方面:

1. 自我评价

自我评价就是要全面了解自己。一个有效的职业生涯设计必须是在充分且正确认识自身条件与相关环境的基础上进行的。要审视自己、认识自己、了解自己,做好自我评估,包括自己的兴趣、特长、性格、学识、技能、智商、情商、思维方式等。即要弄清我想干什么、我能干什么、我应该干什么、在众多的职业面前我会选择什么等问题。

2. 确立目标

确立目标是制定职业生涯规划的关键,通常目标有短期目标、中期目标、长期目标和人生目标之分。长远目标需要个人经过长期艰苦努力、不懈奋斗才有可能实现,确立长远目标时要立足现实、慎重选择、全面考虑,使之既有现实性又有前瞻性。短期目标更具体,对人的影响也更直接,也是长远目标的组成部分。

3. 环境评估

职业生涯规划还要充分认识与了解相关的环境,评估环境因素对自己职业生涯发展的影响,分析环境条件的特点、发展变化情况,把握环境因素的优势与限制。了解本专业、本行业的地位、形势以及发展趋势。

4. 职业定位

职业定位就是要为职业目标与自己的潜能以及主客观条件谋求最佳匹配。良好的职业定位是以自己的最佳才能、最优性格、最大兴趣、最有利的环境等信息为依据的。职业定位过程中要考虑性格与职业的匹配、兴趣与职业的匹配、特长与职业的匹配、专业与职业的匹配等。职业定位应注意:①依据客观现实,考虑个人与社会、单位的关系;②比较鉴别,比较职业的条件、要求、性质与自身条件的匹配情况,选择条件更合适、更符合自己特长、更感兴趣、经过努力能很快胜任、有发展前途的职业;③扬长避短,看主要方面,不要追求十全十美的职业;④审时度势,及时调整,要根据情况的变化及时调整择业目标,不能固执己见,一成不变。

5. 实施策略

实施策略就是要制定实现职业生涯目标的行动方案,要有具体的行为措施来保证。没有行动,职业目标只能是一种梦想。要制定周详的行动方案,更要注意去落实这一行动方案。

6. 评估与反馈

整个职业生涯规划要在实施中去检验,看效果如何,及时诊断生涯规划各个环节出现的问题,找出相应对策,对规划进行调整与完善。由此可以看出,整个规划流程中正确的自我评价是最为基础、最为核心的环节,这一环做不好或出现偏差,就会导致整个职业生涯规划各个环节出现问题。

子任务三
信心汤:了解就业形势及政策

【读一读】

刘海强是一所中职学校的学生,在校期间专业出众、成绩优异,毕业后凭着自己的机械模具专业手艺开始闯天下。起初时一直为别人打工,由于基本功扎实,很快成了业务能手。之后,他开始不满足于拿工资干活,开始单干搞加工。几个月以后,有了一点积累,开始购买自己的设备。

凭着一股闯劲,5年后刘海强创办企业工厂。工厂逐步由小变大,至今已达到相当规模,拥有数幢现代化厂房,固定资产上亿元。工厂拥有一批经验丰富、专业从事配件设计和开发的专业工程师,具备独立设计和开发生产塑胶和电子通讯产品的技术实力,其技术水平居于同行业前列。

与此同时,刘海强时刻记得自己是属于社会的一分子,积极投入为家乡修路、给贫困学生助学等社会公益活动。他表示,争取以后多为社会作贡献,来报效家乡、报效祖国。

【想一想】

如何把所经历就业、创业的压力,转换成成功道路上的动力?

【人生启迪】

在就业创业过程中,每一段经历都是人生的宝贵积累,都是在为发展目标的实现付出努力。

一、就业

1. 就业的定义

就业是指人们在一定客观条件下所进行的选择和从事某种职业的社会活动,是劳动者与生产资料相结合,从事相对稳定的社会劳动并取得劳动报酬或经济收入的职业活动。就业应具备的四个条件为:个人的劳动融入到社会中;合理合法地得到社会的认可;有一定的报酬或经济收入;要有相对的稳定性。

2. 就业人员

就业人员包括:

(1)职工;

(2)再就业的离退休人员;

(3)私营业主;

(4)个体户;

(5)个体从业人员;

(6)乡镇企业从业人员;

(7)农村从业人员;

(8)其他从业人员,其中包括现役军人。

3. 就业的形式

可分为正规就业和灵活就业。正规就业是在正式单位就业,并签订劳动合同,其权利和义务有法律保障的就业形式。灵活就业分为三大类:即非全日制就业、临时就业、派遣就业。

4. 就业的意义

就业是民生之本,安国之策。

(1)就业形势严峻。随着人口总量继续增加,国企改革和经济结构调整的深化,以及科技进步和劳动生产率的提高,就业的压力也越来越大。

(2)就业是民生之本,安国之策。就业是人民群众改善生活的基本前提和基本途径,是实现社会长治久安的基本保证,也是全面建设小康社会的必然要求。就业是我国当前和今后长时期重大而艰巨的任务。

(3)扩大就业的意义。有利于改善人民生活,有利于劳动者权利的实现,有利于共同富裕和全面小康的实现,有利于推进国有企业的改革和经济结构的调整,有利于扩大内需,有利于维护社会稳定,实现国家的长治久安。

二、就业形势

近几年,在就业形势日益严峻的情况下,社会上流传着这样一句话:本科生就业不如高职生,高职生就业不如中职生。的确,据统计,近几年我国大学毕业生的一次性就业率始终在75%左右徘徊,而中等职业学校(含职高、中专、技校)毕业生的一次性就业率早已突破95%。中职学校针对企业生产一线培养的有技能"蓝领"成为就业新宠。有些学校的毕业生供不应求。与大学生"就业难"截然相反,中职生就业出现了越来越吃香的趋势。调查显示,职业院校毕业生就业率呈现逐年上升趋势,自2006年来,中职就业率连续八年一直保持在95%以上,中职教育吸引力逐步增强,社会认可度逐年提升。然而,随着我国经济结构的调整,社会主义市场经济体制改革的深入进行,职业技术学校的毕业生面对新的就业形势,出现了许多新情况、新问题。自高校、职校扩招以来,毕业生数量猛增,每年都有几百万毕业走向人才市场。据统计,2014年中国高校毕业生规模达到727万人,比上一年增长28万人。同时,随着劳动条件的改善、管理手段的现代化,企业生产线的自动化,减少了对相关专业的中等职业学校毕业生的需求。这就使就业问题变得复杂、突出、紧迫,当前及今后一个较长时期内,我国就业形势仍将比较严峻。尽管中职就业被贴上"高就业率"的标签,但当前就业形势严峻,就业难,待业现象已经出现。就业形势不容乐观。

三、如何应对就业压力

1.先就业、再择业

毕业生不要指望一步到位地找到自己的理想工作。要实现这个目标需要一个有步骤地过程。我们可以先从小处着眼,慢慢充实自己,然后就有可能达到自己的职业理想。

首次就业时,应珍惜工作机会,择业期望值不宜过高。当就业目标与现实需求之间发生矛盾时,应争取先就业,解决生存问题,再积累经验,去选择心中理想的岗位。只要你的职业理想够高,你就不会怕起点够低。

当工作一段时间后,就能发现自身更多的潜质,对发展方向有更深的认识,积累的工作经验和人脉,就可在一定范围内去比较、选择、确定更适合自己的职业目标。

2. 择机创业

创业是就业的另一种模式,所不同的是创业者不是被动地等待他人给自己“饭碗”(就业机会),而是主动地为自己或他人创造“饭碗”。

谋求生存乃至自我价值的实现可能是创业最主要的原动力;其次,如果你要想变得非常富有,开创自己的事业是最有希望实现致富的目标,很少有人靠为别人工作而变得惊人地富有;再次,创业使得创业者能够自己控制自己的工作,自己决定何时何地怎样工作;最后,即便创业失败,但是其所带来的有益经验会使创业者学会更好地应对失败,恢复得比以前更坚强,而这正是企业家所需的品质之一。

课内课外：了解职业——与优秀实习生“面对面”交流

【内容】

了解自我、了解职业。

【目的】

增强学生对实习岗位的认识，营造实习氛围，为学生实习提前做好心理和身体准备。

【主题】

“我为技能添翼”——与校优秀实习生面对面

【方法与过程】

一、优秀实习生遴选标准及资格

遴选优秀实习生代表。在已经结束实习的学生中，每个专业择优选择2~3名学生，遴选部分学生作为优秀实习生代表进行交流。遴选条件如下（同时满足以下条件优先）：

1. 已经被评上优秀实习生；
2. 在原班级担任主要班干或所在实习点担任组长、大组长；
3. 已经被实习医院直接录用的同学；
4. 沟通及表达能力较强。

二、交流计划和内容

1. 介绍环节

（1）在校期间，应做好哪些知识和心理准备，比如护理专业的护考复习与迎考培训。

（2）实习过程中的体会：主要包括以下内容：介绍实习前期准备、实习中需要解决的问题、实习的生活以及工作中对人际交往等方面的理解及感受。

（3）实习医院的选择、如何做好临床实习工作、如何搞好医患关系、如何培养与带教老师相互沟通的能力。

2. 交流环节

分为固定提问和自由提问环节。固定提问环节回答每班提前准备好 1 ~ 2 个问题，自由提问环节由现场同学根据现场报告内容进行提问。

3. 心得体会。参加交流会的各班级学生代表会后写 600 ~ 800 字的心得体会在本班进行学习交流。

任务二

你知道我在等你吗——就业准备“三板斧”

【名人名言】

择业是“一种使人焦虑痛苦、剥夺人的安全感的自由，一种促使人想要逃避的自由，因为你必须选择，无人能代替你选择，且须由你对选择的后果负责”。

——美国心理学家弗洛姆

【案例导航】

1984 年，在东京国际马拉松邀请赛中，名不见经传的日本选手山田本一出人意料地夺得了世界冠军。当记者采访他时，他告诉了众人这样一个成功的秘诀：我刚开始参加比赛时，总是把我的目标定在四十多公里外终点线上的那面旗帜上，结果我跑到十几公里时就疲惫不堪了，我被前面那段遥远的路程给吓倒了。后来，我改变了做法。每次比赛之前，我都要乘车把比赛的路线仔细地看一遍，并把沿线比较醒目的标志画下来，比如第一个标志是银行；第二个标志是一棵大树；第三个标志是一座红房子……这样一直画到赛程的终点。比赛开始后，我就以百米的速度奋力向第一个目标冲去，等到达一个目标后，我又以同样的速度向第二个目标冲去。四十多公里的赛程就这样被我分解成这么几个小目标轻松地跑完了。

【思考与讨论】

山田本一是如何赢得比赛的?中职学生在实现人生的目标过程中,应从哪些方面做好准备和积累?

【温馨提示】

山田本一的话令人深思。看来,辉煌的人生不会一蹴而就,它是由一个个并不起眼的小目标的实现堆砌起来的。让我们把目标化整为零,用一个个小的胜利赢得最后的大胜利。

著名心理学教授史蒂文·里希指出:将目标分解成若干个可以实现的部分,不但能增加立竿见影的效果,而且能减少付出的代价。

子任务一
第一板斧:就业前的思想准备

【读一读】

学校每年5月份都会举办招聘会。毕业成绩名列班级前3名的娟娟早早就跟父母亲说了招聘会的事。4月中旬,娟娟的父母亲就到处打听来招聘单位的情况。招聘会那天,娟娟的父母亲前往用人单位摊位前面谈,而娟娟自己却没出面。招聘单位问当事人为什么不来时,其父母说他们的女儿胆子小,不敢自己来面试,他们可以为女儿作主。结果谈了一家又一家,最终仍一无所获。

【想一想】

娟娟父母为什么要为代替女儿面试?招聘单位为什么不录用这位成绩好的毕业生?

【人生启迪】

娟娟的问题出在择业过程中过分依赖父母,所以没能找到、也难以选择到满意的工作。现在的毕业生中,独生子女所占的比例越来越大,他们的生活一帆风顺,没有经历过什么波折,再加上父母亲的过分呵护,客观上也培养了他们的依赖心理。这些毕业生大多缺乏主见,自我意识模糊,在择业中常会茫然不知所措,自己独立进行择业决策的能力差,以致在就业招聘时,父母代替子女,亲友代替本人与用人单位洽谈的场面屡见不鲜。而用人单位也会考虑其使用情况。

一、转变择业观念

1. 认清现状、树立信心

(1)正视就业压力源,调整心态

就业是每个人认知社会的第一站,也是将所学理论与实践相结合的必经之路。现在的中职生,大多数是独生子女,刚从学校里出来,自我意识较强,有的学生因为受社会环境的影响,自控能力较差,缺少社会经验,对就业也没有深刻的认识,所以在就业中会面临一些问题和困难,产生心理压力。因此,中职毕业生在择业时要学会转变观念,调整自己的心态,只有正视就业压力,变压力为动力,才能叩开职业大门,实现真正自立。

(2)早就业早获经验,胜于空等

早上岗早获经验,哪怕是与专业无关的工作,起码积累了社会经验。先上岗再调整心态、先上岗再继续充电。只有实实在在地在岗位上,才能获得实实在在的工作经验和社会经验,为将来进一步的发展和择业积累竞争的砝码,有一定的工作经验往往比几张证书更具有说服力和竞争力。如果毕业生因工作条件不理想而放弃就业的机会,不但会继续给家庭带来经济上的负担,还可能会在个人事业的起步、发展始终后人一步。

(3)降低过高期望值,脚踏实地

就业形势正发生着很大的变化,几年前本科生还供不应求,现在供需基本平衡,某些专业还有较大的就业压力。一个毕业生有自信有勇气是好的,但也要根据自己的实际情况给自己一个准确定位,一味的高标准定位,盲目性太强了,把自己框死在狭窄的就业范围中很容易出现高不成低不就,导致在求职过程中屡屡碰壁。因此脚踏实地,不眼高手低,先求职,有了立身之地,再寻求发展。

2. 面对现状、适应社会

在人才竞争异常激烈的今天,中职毕业生应该使自己与社会发展要求保持一致,而不是自己愿意到哪儿就能到哪儿,这显然是不现实的。即使是实行自主择业以后,仍然需要个人适应社会,而不是让社会来适应自己。因此,首先要从实际出发,与时俱进,自觉地有意识地适应社会,树立自强、自立、自信的意识,尽快了解环境,进入角色:一方面就要了解改革给社会带来的新变化,以使自己的思想能适应不断变化的新形势。另一方面要了解社会对人才需求的新趋势、社会发展新需求,了解社会对医学毕业生的要求,便于使自己正确地选择就业目标和工作志愿。其次,要根据社会需要和自身条件,正确认识自己。要充分发挥自我优势,就业起点不要定得过高,切忌挑三拣四,工作要求高,犹豫不决,错过了一些面试机会。有了这样的思想准备,就能及时调整自己的理想职业目标,去适应社会生活的现实需要,才能勇敢地面对社会、立足社会,被社会接纳。

3. 更新观念、转变角色

(1)要有“常新”的发展理念

完成学业,从学生身份过渡为社会生活中的职业人身份,是其人生中的一次重要转折过程,它不仅表现为一个人的身份转变,其内心世界也会随之发生着种种反应、变化。学生阶段是一种单纯而有保障的学习和生活,在这样的环境里,容易萌发浪漫的情调和美好的理想,但这样的生活与现实社会自然存在一定的距离。几年中职生活即将结束,在离别母校,踏上社会之前。最重要的就业心理准备,就是要更新观念、转变角色,做好由“学校人”到“职业人”的角色转换。

所谓转变角色,主要是指由学生转变为一个现实的社会求职者,抛开浪漫,抛开幻想,认识自己所处的真实地位和“严酷”的社会现实,实事求是地面对就业这样一个现实。要想正确地选择职业,就必须转变角色,不能把学校、家庭、亲友及同学所给予的关心、呵护、尊重当成是社会的最终认可。而要摆正自己的位置,客观、冷静地进入求职状态,认识社会,了解社会,以自身的实力,积极主动地去适应社会需要,在选择社会职业的同时,也接受社会的选择,正确地迈出人生这关键的一步。只要转变求职观念,正确衡量自身实力,挖掘潜能,创造优势,就能在激烈的就业竞争中生存发展。

(2)要有“适合”的择业思想

寻求适合自己的职业是现代社会人们择业的一个重要原则。一是适合自己才是最好的。在择业的标准上,不一定说留在大城市、进入大医院、赚钱最多就是最好的,而是适合自己的就是最好的。适合自己,也就是说最适合自己的性格、兴趣、价值观、能力。要适当确定自己的期望值,不要好高骛远,也不要妄自菲薄,更不能盲目攀比、盲目跟风。二是专业兴趣与社会需要吻合。我们提倡学生在考虑就业问题的时候要把眼前利益和长远的发展结合起来,真正找到适合自己兴趣和能力,既被社会需要又有利于自己长远发展的岗位。三是适时调整就业目标。淡化专业对口观念,即使你的专业不对口,但是你的职业素养和专业技能都会潜移默化地体现在你成才的过程中,相信是金子总会发光。

二、增强就业意识

1. 树立求职意识

毕业生应了解自己的专业,明确自己所学专业的培养目标及使用方向,树立专业思想。并主动将个人发展与社会需求结合起来,跟上社会发展变化的步伐,变被动为主动,提高自己的综合素质,提升自己的竞争力。在毕业前,注意搜集社会各方面特别是与本专业相关的用人信息,树立自我推销的求职意识,凭借自己的实力叩开职业大门。

2. 树立"转业"意识

现在市场经济逐步完善,劳动力资源配置机制日趋健全,劳动者的职业流动成为十分普通的现象。毕业生在确立职业时要认识到在其漫长的职业生涯中,工作变换是极为正常的,期望一劳永逸是绝对不现实的。应该放弃"从一而终"、"一步到位"的就业观念,树立"先就业,再择业"的"转业"意识,从低做起,充分发挥中职生既有专业知识,又有实用技术的特点,踏踏实实地干,在工作中不断积累经验,提高自己的专业水平,为以后的发展打好基础。还有不少毕业生在求职过程中强调专业对口往往更加难于找到用人单位,以专业对口为择业标准,不能实现一次性就业,也制约着一部分毕业生的就业。因此,要学会在变化中求得生存和发展。

3. 树立创业意识

青年人思维活跃,创新意识强,在政府多项优惠政策的激励下,也可以走自我创业的道路。这样可以在就业难的情况下,自主创业,敢闯敢干,不但为社会拓展了就业渠道,而且能最大限度地满足大学生自我实现的需要。

4. 转换角色意识

对于毕业生来说,他们熟悉的是校园中"三点一线"的学校生活,对社会了解较少。在学习时期,虽然有一些社会实践和实习活动,也只是对社会的有限的接触。从学生到一个真正的社会人,是其社会角色的转变,必然有一个适应过程、一段磨合期。毕业生应意识到自己的角色转变,自觉调整自己的思想、行为,以适应社会和用人单位的要求。

三、强化竞争能力

1. 敢于竞争

竞争是市场经济的法则，机遇与竞争并存。在就业过程中，竞争是不可避免的，必须做好充分的思想准备。在相同的机遇面前，谁更具有竞争能力，谁就能占主动，赢得机遇。要在正确自我评价的基础上，充分相信自己的实力，敢于通过竞争去达到理想的目标；必须在心理上准备同“铁饭碗、大锅饭”的传统告别；必须从社会进步和深化改革的角度来加深对竞争机制的认识，强化自身的竞争意识，自觉地正视社会现实，转变观念，做好参加竞争的心理准备。

2. 善于竞争

善于竞争主要表现在两个方面：一是实力，这是求职的资本，属于硬件。如学业成绩，成长阅历，工作能力，身体条件等，是择业成功与否的决定性因素。二是择业活动能力，如获得信息能力、自荐能力等，是择业成功的重要因素。硬件过硬，择业活动能力强的人，择业成功率一般比较高。三是在求职与择业竞争中，应注意期望值是否恰当，并要做到在面试时仪表端庄，举止得体，给人留下良好的第一印象。

子任务二
第二板斧:就业前的心理准备

【读一读】

小王是一名应届中职毕业生,在校学习期间,各门成绩均名列前茅,自认为毕业后一定能顺利找到工作,然而却在就业上处处碰壁。我看中的单位,人家却看不中我;单位看中我的,我却看不中人家。毕业已经二个月了,还未与一家单位签约。时下,她处在焦虑、忧郁、自卑、不满、无法决断的状态,内心十分矛盾、痛苦。

【想一想】

小王为什么如此苦恼?问题究竟出在哪里?

【人生启迪】

小王之所以苦恼是因为应聘受挫 ,觉得梦想破灭了,因而导致心理失衡。究其失败的主要根源在于缺乏良好的就业心理准备。“我看中的单位,人家却看不中我”是因为缺乏应聘、面试的技巧;“单位看中我的,我却看不中人家”是因为职业的自我定位过高。

一、就业心态

1. 保持良好心态

(1)要乐观自信

自信是求职成功的心理基础,也是现代职业最为重要的职业品质之一。自信是对自己的一种积极评价,即对个人自我价值的表达,对自身力量的认识和估计。因此,客观地认识、评价自己,对职业的要求有比较明确的目标,能正确分析社会行业就业形势和需求,采用最有效的方法追求目标,相信天生我材必有用。

◆ 自信心理小测试

1. 遇到难事,你想寻求帮助,但又不愿开口求人,怕被别人取笑或轻视。
2. 当别人遇到麻烦时,你常会有幸灾乐祸的感觉。
3. 你爱向人夸耀自己的能力和“光荣历史”。
4. 你认为学习成绩、工作成绩是很重要的。
5. 你觉得入乡随俗是件困难的事。
6. 你觉得人的面子最重要,轻易认错是很失面子的行为。
7. 你害怕生人或陌生的地方。
8. 常常自问“我是很行的吗”这类问题。
9. 你常觉得自己是不利处境下的牺牲品。
10. 你是个爱虚荣的人。

答“是”得1分,“否”得0分,统计一下你的总得分。

结果分析:

0~2分者:很有自信心,能与人和睦相处。

3~6分者:很可能缺乏自信心,你行事可能保守而缺少魄力,但这也许能使你安于现状,生活在一种平静无事的环境中。如果你认真反思一下,把你认为你能做的事和你想做的事列成表格,你会发现,事实上,你能做的事要比你想做的事多一些。

7~10分者:你有一种强烈的自卑感,即使在表面上你自信、自负或自傲,但你很可能在自信和自卑的两极来回徘徊。有时这种性格上的矛盾令你感到痛苦或害怕。你得想法采取行动消除自己的自卑感了。

(2)保持平常心

根据心理学有关定律,如果个人在事前的动机水平越低,成功率也低;不过,动机过强也会影响个人行为的发挥,同样不容易成功。因此,在面试之前,根据自己的实际情况和就业形势有针对性地调整自己的期望值。特别是在难度较大、竞争激烈的情况下,应适当降低期望,即通常说的“保持平常心”,这样才能发挥出自己的真实水平。

(3)进行积极的心理暗示

在面试乃至试用期间,应当不断给自己类似于“我很棒!我一定行!”的积极心理暗示,并坚定对自己的自我评价。特别是不能受到面试失败的影响,传达消极的“不是我不行,这份工作不适合我”信息,而影响对自己的肯定。

(4)试前虚拟预演

求职者在参加面试和招聘会之前,如果感到心里没底的话,可开展试前虚拟预演的心理训练。做法是:闭上眼睛,在自己的脑海中将面试过程预演一遍,将如何走入面试间、应保持何种表情、面试人员如何提问、自己如何回答、对方反应如何等种种情境过几遍“电影”,这种心理训练和引导的实际效果非常有效。

2. 常见就业心态

(1)谋求专业对口的职业岗位

不少毕业生在择业时首选专业对口的职业,学以致用是大部分毕业生的共同心理。专业对口能缩短工作适应期,有利于自我的才能发挥,有利于自我的发展。所以,不少毕业生宁愿报酬低点,条件艰苦点,也乐意从事与所学专业相关的工作。

(2)谋求稳定性强的职业岗位

传统的劳动人事制度使人们形成了“从一而终”的职业观念,这种观念至今仍在影响着人们的就业态度,认为有了稳定性才有安全感。所以,部分毕业生放弃了一次次机遇，而只选择省级、市级综合医院。当然，随着社会的发展，人们观念的更新，也有的学生会选择有利于自身发展的就业形式。

(3)渴望到经济发达地区就职

经济发达地区就业机会多、工资待遇相对高、就业市场相对规范，所以很多学生的就业目标就定位于长江三角洲、珠江三角洲、北京、上海等经济发达地区。众多毕业生蜂拥而至，使这些地区的专业人员呈过剩状态。不少毕业生因准备不足多次求职无果 而无功而返。

(4)眼高手低，不能正确认识自己

不少中专毕业生一毕业就想找份轻松、薪水高、待遇优厚、离家近、责任轻、福利好的工作，存在眼高手低现象。首先，同学们没有把自己的位置摆正，没有清楚地认识到自己是一名中专生，从事的职业及岗位应是医疗第一线，所做的工作必须从基础做起；其次，刚出校门的中专生，涉世不深，接触社会较少，专业技能有限，缺乏实践经验，理想往往脱离客观条件，待遇较低是理所当然的。因此，毕业生重要的是否能正确认识自己，摆正自己的位置，决不能眼高手低，做一件事就一定把它做好。在任何环境下都是对自己的一种锻炼和社会经验的积累。

(5)面对多种选择，举棋不定

鱼和熊掌，都想兼得，难于决断。择业过程中，往往会遇到多种选择的境遇。各种选择各有千秋，倘若犹豫不决，往往坐失良机。例如，考公务员待遇稳定，但收入不高；创业收入丰厚，但不稳定；留在原籍人际关系较熟，但缺乏新鲜感和挑战性；去外地有新鲜感和挑战性，但又人地两生……

◆ 常见求职心理误区

(1)选择的自由度越大越好。

(2)我不能比别人差。

(3)过去我事事顺利，择业也依然会顺利。

(4)大多数人钟情的一定是好工作。

(5)要去就去沿海或大城市。

(6)选择单位就看实惠不实惠。

(7)求职的竞争就是关系的竞争 。

(8)首次就业关系一生命运。

(6)缺乏一定的心理承受能力

有些学生因自身综合能力的不足,或因时机把握不准,导致部分学生找不到理想的工作。但他们往往不从自己身上找原因,还怨天尤人,从而产生不平衡心理。这种不平衡心理往往导致少数学生对社会以及人生产生偏颇看法;有些学生因自己专业技能不如其他同学,或因面试屡次受挫,从而产生强烈的自卑感,失去了求职的信心和勇气;还有些同学因为职场的激烈竞争,和认为自己已经长大,不想再给父母增加负担,这样无形中给自己背负沉重的压力,常常会表现出焦虑和急躁,缺乏自我控制,烦躁不安,无所适从,有时会导致事倍功半甚至事与愿违。

二、就业心理调适

1. 不良心理表现

(1)焦虑心理

就业竞争心理压力常常是因为面对职业选择感到无所适从、或职业期望过高、急于求成、对未来忧心忡忡等等而导致焦躁、忧虑、困惑、恐慌等焦虑心理。

(2)失落心理

现实就业时大多不像想象得那么美好,因此当发现现实与理想的差异较大时,总会诱发挫败感,失落感。

(3)矛盾心理

面临求职择业会出现种种心理冲突:希望自主择业,又不愿意承担风险;渴望竞争,又缺乏竞争勇气;胸怀远大理想,却不愿正视眼前现实;重事业发展,但又在实际价值取向上重物质、重利益;对自我抱有较充足的信心,但在遇到挫折之后,又容易自卑;既崇尚个人奋斗、自我价值实现,又有较强的依赖感等等,使得许多中职生在择业中十分迷惘困惑,形成心理上的矛盾冲突。

(4)攀比心理

尽管职业选择上不具有可比性,但有的同学争强好胜,虚荣心强,期望值高,忽视对自我缺乏客观认识,而不考虑实际情况,盲目攀比而在择业过程中碰壁失落。

(5)自卑心理

一些毕业生因自己身高或学历方面等的原因,担心别人瞧不起自己,进而自我否定,自我评价偏低，过低估计自己的知识、能力等，缺乏自信，在求职过程中表现得缩手缩脚、言行拘谨，甚至悲观失望、不思进取，不敢参与市场的激烈竞争，从而错失良机。

(6)自负心理

有的毕业生在择业中自以为是，自我评价过高，择业条件苛刻，挑三拣四，认为伯乐还没有出现，怨天尤人，认为生不逢时，不能从自身找原因。

(7)迷惘心理

即当所学专业与社会需求不尽吻合时感到无所适从，当与别人竞争失败时怅然迷惘。

(8)逃避心理

在“双向选择”时发现自己的知识、技能不能适应用人单位的需求，于是追悔、逃避，对就业失去了信心和勇气。

(9)消极心理

即不能正确认识和分析就业中的不合理现象，而感到失望和无助。

(10)不满心理

即认为自己就业不成功是招聘人员的故意刁难。

(11)安逸心理

有的毕业生不能从现实出发，一味地求稳求闲，追求安逸。一是求“安全保障”的稳定工作；二是求舒适、清闲、安逸的工作，宁可待业也不干“苦、累、脏”的工作。这样是人为给自己的就业道路设置障碍，毕业后便失业，仍然依靠父母供养。

(12)从众心理

在求职中完全被外界评价所左右。大家都这么认为，我也就这么认为；大家都这么做，我也就跟着这么做。盲目从众随大流，乱“扎堆”，没有“量体裁衣”的求职意识，从而错失不少就业机会。

(13)依赖心理

有的毕业生求职中依赖家长、依赖亲朋好友，是缺乏自信和对自己正确的、全面的认识所致，往往把自己的命运交给别人来决定。

2. 心理调适方法

(1)自我激励法

自我激励法主要指用生活中的哲理、榜样的事迹或明智的思想观念来激励自己,同各种不良情绪进行斗争。在择业过程中,要相信自己的实力,通过自我激励,增强自信心,消除自卑感,保持良好的情绪和心态。

(2)注意转移法

注意转移法是把注意力从不良的刺激转移到积极情绪和其他事物上或从事其他活动的一种自我调查方法。当不良情绪出现时,可以采取转移注意力的方法寻找一个新颖的刺激,激活新的兴奋中心以抵消或冲淡原来的兴奋中心,使不良情绪逐渐消失。如:散步、看电影、欣赏音乐、参加体育运动、进行自我娱乐、接受大自然的熏陶、参加有兴趣的活动等等,防止不良情绪泛化、蔓延,体验积极情绪,使自己没有时间沉浸在因各种原因引起的不良情绪反应中,以求得心理平稳。

(3)适度宣泄法

当遇到各种矛盾冲突,引起不良情绪和心理问题时,应尽早进行调整或适度宣泄,使压抑的心境得到缓解和改善。一是倾诉:可以找同学、朋友、心理咨询师诉说自己的烦恼、苦闷和委屈,使不良情绪得到疏导,同时可获得更多的情感支持和理解,获得认识和解决问题的新思路,增强克服困难的信心。二是通过打球,爬山等运动量较大的活动,消除压抑心理,恢复心理平衡. 但应注意场合、身份、气氛,注意适度,宣泄应是无破坏性的。三是大哭一场,发泄心中郁闷情绪,美国生物化学家弗雷说过:"强忍不哭,把眼泪咽下去,等于慢性自杀。"四是写日记,写出自己心中的苦闷。五是击沙袋或在空旷地方大喊大叫。

(4)自我安慰法

毕业生择业失败是司空见惯的事,要学会进行自我安慰,说服自己,适当让步,另辟蹊径,以缓解心理问题、矛盾冲突,消除焦虑,抑郁,有助于保持心理安宁和稳立,如失败时告诉自己,"失败是成功之母",拿自己的优处比别人的短处,可用"亡羊补牢,犹未为晚","塞翁失马,焉知非福"等话语来做自我安慰。以缓解矛盾冲突,解除焦虑、抑郁、烦恼和失望情绪,这样有助于保持心理稳定,以解脱痛苦。

(5)自我放松法

放松是缓解焦虑、恐惧,达到心理平衡的有效方法之一。通常通过深呼吸、肌肉放松、音乐放松等训练，让心理焦虑、恐惧得以消除。

(6)积极暗示法

积极的自我暗示又称自我肯定，经常给自己积极的自我暗示，相信自己的力量，能令我们保持好的心情、乐观情绪、自信心，从而调动内在因素，发挥主观能动性。只有相信自己的力量，才会有勇气朝着锁定目标前进。自我暗示可以默不作声地进行，也可以大声地说出来，还可以在纸上写下来，只要十分钟有效的肯定练习，就能抵消我们许多年的思想习惯。要有意识地告诉自己“我能”、“我行”，以创造出一个积极的现实。

三、面对就业挫折

1. 做好心理准备

求职过程也是一个竞争的过程，有竞争就会有失败者。人们在求职择业中遇到挫折是正常的，如没有充分的面对挫折心理准备，常常会不知该何去何从，甚至于迷失了方向。因此，应该对自己和就业形势有清醒的认识，不怕失败，预想可能出现的障碍和挫折，可降低毕业生的失望值、减少心理落差、理智地对待出现的挫折，增强挫折承受力，以便在下次的求职中获得成功。

2. 理智分析问题

当求职出现挫折时,应放下心理包袱,理智地、冷静地分析主、客观两方面的原因,找出问题的症结所在,总结经验和教训,适当调整就业目标及自己的行为方式,采用积极的挫折应对方式,为下一步行动做准备,不要停留于痛苦、失望、自怨自艾等挫折感受的副性情绪反应上。要脚踏实地争取新的机会。

3. 积极应对挫折

(1)挫折是一种鞭策。对待挫折,要吃一堑长一智。它对失败者并不是淘汰和鄙视,相反,促使失败者振作起来,彻底摆脱“等、靠、要”的就业心态,使自己加快自立自强。可进行积极的自我心理暗示,鼓励自己、相信自己,帮助自己渡过难关。

(2)向家人、朋友、老师倾诉,寻求他们的安慰与支持。

(3)可通过体育锻炼、听音乐、郊游等方式转移自己的注意力,排解心中的烦闷,放松自己的心情。

子任务三
第三板斧：就业前的认知准备

【读一读】

老师在黑板上挂了一张“画”，白纸中画了一个黑色圆点。“你们看见了什么？”老师问。全班学生一起回答：“一个黑点。”

老师说：“只说对了极少一部分，画中最大的部分是空白。只见小，不见大，就会束缚我们的思考力。”成千上万的人不能突破自己，原因正在这里。

【想一想】

什么是黑色圆点？这个故事给了我们什么启示？

【人生启迪】

“自卑”就是你把别人看得比自己好。如果换一个角度来理解，“自卑”就是你有一个消极的自我形象，你在心理上觉得自己比别人差。我们不喜欢“自卑”这个词，但我们发现，许多中职学生都有某种程度的自卑心理。有时候可能因为自己长得不如别人，因为自己穿着不好，因为学习和工作不够出色，因为没有自己的爱好和特长，因为自己学校的牌子不如别人……就像故事中说的一样，我们不能总盯着一个黑点——我们的缺点看，而忽视了大部分的空白——我们的优点。每一个的身上都有闪光点，要善于发现。

一、做到知己知彼

1. 了解职业中的"己"和"彼"

全面了解自己的特点是选择职业的重要前提,常言道:知己知彼者胜。在应聘前,要做到知己知彼。知彼就是了解择业的社会环境情况,正确认识面临的就业形势,了解用人单位的需求。知己就是实事求是地全面、客观地分析评价自己,了解自己,根据自己所学专业知识情况、实际操作能力、外在形象、处事能力、性格、爱好、特长等,对自己有一个正确的认识和客观的定位,如优点和长处 ,缺点和短处。

2. 准确进行自我定位

大部分毕业生对自己缺乏客观的认识和评价,要么自视甚高,要么评价过低,对自己定位要么过高,要么过低,甚至有的没有定位,随波逐流。在择业过程中茫然徘徊。没有正确的自知,就难以找到合适自己的工作,难以发挥自己的潜能。科学地认识自己最有效的方式是通过科学的心理测试、测量。当然,通过与老师、家长、同学交流,得到他们对自己的客观评价也是一个有效的渠道。只有接受职业自我,承认自己的现状,在知己的基础上才能扬长避短,才能保持良好的择业心态,才能有针对性地参加应聘。

二、提高职业素质

1. 职业素养的涵义

职业素质是指对职业的态度和职业行为的规范，是指劳动者在一定的生理和心理条件的基础上，通过教育、劳动实践和自我修养等途径而形成和发展起来的，在职业活动中发挥重要作用的内在基本品质和对社会职业了解与适应能力的一种综合体现。其主要表现在职业兴趣、职业能力、职业个性以及职业情绪等方面。

医务人员的职业素质主要由医务人员的道德素质、心理素质、业务素质及综合能力等组成。它的宗旨是全心全意为人民服务，救死扶伤，实行革命的人道主义。要求医务人员热爱卫生事业，有为人类健康服务的奉献精神，具有高度的责任感和同情心，忠于职守，能专心致志地完成各项工作，使患者身心达到最佳状态。

2. 医生职业素质要求

(1)忠于社会主义医疗事业，热爱本职工作，处处关心病人的疾苦，把维护人民的生命，增进人民的健康，同疾病作斗争，作为自己崇高的职责。

(2)认真钻研医务技术，对技术精益求精，勇于攻克疑难病症，积极进行革新创造，不断开拓医学新领域。

(3)对工作极端负责任，对病人极端热情，一视同仁，时刻想到病人的痛苦和安危，养成严谨细致的医疗作风，平等待人，不收礼，不“走后门”。

(4)服务细致，谨慎周到，一丝不苟，准确无误，勇敢果断，敢于负责。

(5)保守病人病情“秘密”，举止文雅，端庄可亲，不利用工作之便，侵害病人权利。

三、储备职业能力

1. 专业技能

(1)学好专业课程，努力做到一专多能

要使中职生能在当今竞争激烈的人才市场，与众多的大专生、本科生竞争，就必须突出中职生的特点，既有扎实的专业理论知识，又有熟练的操作技能。因此，必须在端正就业观念的同时,应鼓励学生学好本专业的课程,熟练掌握操作技能,考取本专业的上岗证,并根据自己的需要,考取其他专业的上岗证。同时,还需要紧跟进步的社会不断学习,才不至于被社会淘汰。中职生要有危机感,不论什么时候都要抓住时机汲取知识,扩大自己的知识面,更新知识,提高自我,与时俱进,为就业创造更多条件,拓宽就业面。

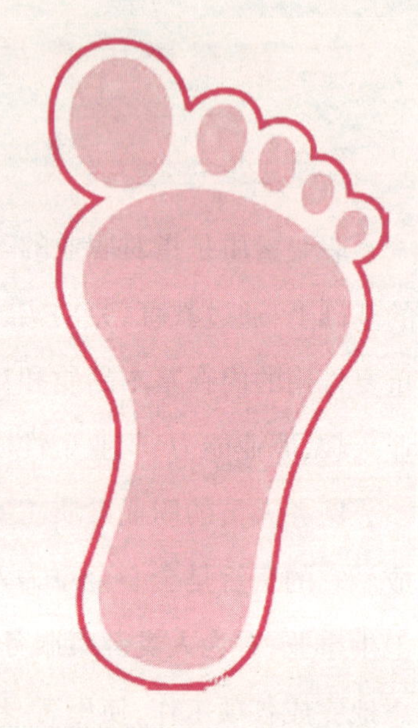

(2)掌握操作技能,展示实际动手能力

理论知识是内涵基础,实际动手能力是外在反映。实际动手能力是知识转化为物质力量的重要保证,是专业人员所必备的一种实践技能。对毕业生而言,无论你今后是从事教学、科研工作还是在生产第一线,动手能力的强弱都将直接影响到你的能量的发挥程度。中职生应该将所学的专业知识转化为实践技能,才能有效地服务于健康事业。

2. 综合能力

(1)独立生活能力

这是毕业生起码的能力。有了这种能力,不仅使一个人能够生活得有条理,可以应付一些突发困难,而且也为一个人打下了独立学习、独立工作的坚实基础。社会毕竟比学校要广阔得多、复杂得多,如果一切都唯别人是依,那就很难适应新的环境。

(2)表达能力

表达能力是指一个人善于把自己的思想、情感、想法和意图等,用语言、文字、图形、表情和动作等清晰明确地表达出来,并善于让他人理解、体会和掌握。中职生在求职过程中要展示自己的表达能力,如与招聘单位面谈、就职推荐书等。表达能力属专业范围内须修炼的基本技能,工作后则是体现一个人的综合表达能力,即口头表达能力就是用言简意赅的语言准确传达最大的信息量;要做到能与患者交流,医护良好的沟通;文字表达能力主要表现在书写病历、交班报告和工作总结等方面。

(3)人际交往能力

工作意味着我们走出学校单纯的环境,走向社会的大舞台,同事关系,上下级关系,不像

同学关系，师生关系那么简单。我们要重视人际交往，懂得与人团结合作的原则，我们要认识到和谐融洽的人际关系的原则是以诚待人，为人处世要以诚信为准则。现代社会的发展注重人与人之间的合作，团队精神，不要事事以自我为中心。要以全局为重，处事要考虑到别人。为此，毕业生不仅要具有较强的系统学习能力和专业方面的技能，而且还需要有较好的社会合作能力等等。

课内课外:点亮人生——优秀校友访谈报告会

【内容】

学习榜样,启迪人生

【目的】

励志照亮人生,榜样引领方向。为帮助学生尽早了解职业、了解社会、了解校友择业、创业的成功经验和人生经历,提高学业及职业生涯规划意识和能力,通过优秀校友的典型事迹传播,起到鼓励在校学生积极向上,追求梦想的榜样和引领作用,营造行行出状元的良好社会氛围。

【主题】

"恰同学少年"——校友人生启迪录

【方法与过程】

一、访谈前准备

1. 确定访谈对象:由学校就业办提供有一定知名度的校友名单和联系方式。

2. 拟定访谈小组成员:由学校文学社团成员或团委选拔部分有一定写作能力、善沟通的同学组成,并适当进行培训。

3. 确定访谈方式

前往校友工作场所采访、学习参观、进行访谈、邀请校友到母校作报告。

4. 简单拟制访谈提纲

主要包括在母校求学期间的经历及深刻印象;在工作期间的发展及感悟,尤其是第一份工作和最后一份工作的感受;对母校及学弟、学妹的寄语及祝福。

二、访谈过程中应重点获取以下信息

校友的基本信息介绍、个人成长历程、求学经历、职业发展、个人工作照片、与采访者的合影等。要重点挖掘校友身上的职业生涯的关键阶段的奋斗精神及个人魅力,以及母校在学习阶段给他们个人成才所起的作用。要充分展现校友对母校的深厚感情和

对母校的真挚祝福及殷切期望。

三、访谈结束

1. 整理访谈提纲及照片。

2. 校报或校园网上刊发访谈录。

3. 访谈感受。参加报告会的同学写不少于800字的报告体会或访谈感受，经老师修改后，在班上进行交流。

任务三

与饭碗亲密接触——求职与面试

【名人名言】

“路是脚踏出来的,历史是人写出来的,人的每一步行动都在书写自己的历史。”

——吉鸿昌

【案例导航】

某科技公司想招聘薪资管理师,当天总共来了一百多人应征这个岗位。

面试时,人事主管对每个应征者都会轻松地问一句话:“我们公司是高科技产业,一向非常注重整洁、效率,刚才,你进入公司大门时,有没有在洁清垫上把鞋底的灰尘擦干净?”

大部分应征者都会面带微笑地回答:“我当然是把鞋底擦干净以后,才进公司的。”

这时,人事主管会礼貌性地和应征者握手,然后,对他说:“谢谢你前来面试,我会将资料送到上级,有最新消息,我们会立刻通知你。”

面试完毕以后,人事小姐问道:“主管啊,你是不是记错了?我们公司大门口根本没有清洁垫啊。”

主管笑着说:“我知道没有清洁垫,但是,我要招聘的是薪资管理师,必须是诚实可靠的人。能力可以培养,但是,不诚实的个性却很难改变啊。”

【思考与讨论】

求职应聘中应注重的环节有哪些？我们在日常生活中应如何提升自己？

【温馨提示】

“求职”是绝大多数毕业生走上工作岗位前的必经阶段，它一般包括“了解就业信息”、“投递个人材料”、“参加笔试面试”、“等待结果”等环节。如果把毕业生就业过程比喻为一场足球比赛的话，那么，“求职”就是关键的“临门一脚”，它既需要运动员平时的积淀，也考验运动员现场发挥的水平。一个“求”字已经道尽了其中的艰难。

子任务一
前奏曲:就业饭碗在哪里

信息从来就对人们的生活具有十分重要的作用。进入信息社会,信息更是意味着先机和主动,甚至决定行动的成败。当代中职生在就业时,必须在正确分析认识自己的专业素养、潜能特长及职业定位的基础上,广泛关注、及时收集、有效利用人才市场的供需信息,从而切实增强求职的针对性,减少盲目性。

对初入职的人来说,我们都要切记"积极的人在每一次忧患中都看到一个机会,而消极的人都视机会为忧患。"

一、获取就业信息的方法及途径

收集就业信息是求职的第一步,收集的就业信息越多,选择就业目标的范围就越广,求职成功的概率也就越大。

1.主要方法和途径

对于毕业生来说,在收集就业信息时,既要注重平时"无事常登三宝殿",尤其是在校学习的最后一年,就要主动关注行业就业的整体态势,投入一定的时间和精力,从面上去了解就业的基本情况,也要善于毕业前的"临时抱佛脚",根据自己的职业定位和就业意向,有选择性地重点收集相关信息。"无事常登三宝殿"突出的是信息的广泛性,而"临时抱佛脚"关注的是信息的契合度。

毕业生搜集就业信息的方法途径主要有以下几种:

(1)校内的毕业生就业指导机构

为了加强对毕业生就业工作的管理,每个学校一般都成立了相应的就业指导机构,学生可以从学校招生就业办公室及就业网站上获取就业信息。

(2)社会上的就业服务机构

随着人力资源配置工作的市场化程度提高,我国各省地市县都建有政府主管人才交流中心和常设人才市场,也有许多民间主办的就业咨询机构,它们都会面向社会提供各种就业需求信息。

(3)毕业生就业招聘会

为了落实国家促进毕业生就业的政策,许多用人单位都会根据学生毕业的时间进程,与学校联合举办毕业生就业招聘会和专场招聘会,如各地市县在寒假前后举办的地方应届大中专毕业生就业招聘会和专业人才专场招聘会。这类招聘会是获取就业信息的首选渠道。

(4)登录招聘网站

随着互联网技术的发展,各用人单位除了根据学生毕业时间节点开展一些时间性很强的专场"校招"活动外,通常还依托各类招聘网站进行招聘。学会使用网络已经成为信息时代获取就业信息的主要途径。根据网站信息的内容和卫生类学校近年来毕业生的就业去向分布情况来看,招聘网站一般可以分为"综合型"和"专业型"两大类。

◆链接

(1)“综合型”招聘网站重点关注:

赣江人才网(www.ganjiangrc.com)

九江人才网(www.0792job.com)

江西人才人事网(www.jxrc.com)

无忧网(www.951.com)

江西人才招聘网(www. jxrczp.com)

江西人才在线(www.jiangxiRC.com)

前程无忧网(www.51job.com)

58 同城(www.58.com)

赶集网(www.ganji.com)

智联招聘网(www.zhaopin.com)

南方人才网 (www.job168.com)

中华英才网 (www.chinahr.com)

乐职网(www.lezhi.com)

(2)与医药卫生相关的“专业型”招聘网站重点关注:

中国医疗人才网(www.120job.com)

医药英才网(www.healthr.com)

医药生物人才网(www.bioonjob.com)

中国医疗招聘网(www.job900.com)

猎才医药网(www. jobuy.com)

中国医药招聘网(www.eyjob.cn)

医药招聘(www.yyzp.cn)

中国医药人才热线(www.zgyyRC.com)

中国卫生人才网(www.wecan.com)

全国中等职业学校毕业生就业信息服务与管理平台(www.zci.com.cn)丁香园(http://www.dxy.cn/)

此外，还可以通过浏览相关单位门户网站的有关专栏或页面来获取该单位的招聘信息。

(5)亲戚、朋友及其他人际关系

他们可以给你提供建议及协助，通过与熟识的人交谈，常常可以获取一些意想不到的招聘信息。人际关系是非常重要的信息源，研究者指出，有24%左右的毕业生是利用各种关系找到工作的，利用关系网络寻找职业被看成是非常有效的。

(6)在社会实践实习中积累信息

参加社会实践活动以及参加学校统一组织的实习活动，是直接了解各用人单位的大好机会，有许多大中专学校学生在实习期间就得到用人单位认可并被录用。实践证明，担任义工及实习也是获取就业信息的有效途径。尽管担任义工及实习通常都是接触基础性的工作，但在工作的过程中，通过与同事，上司等交流，也许能获得本单位或其他单位的招聘信息。学校近年来就有不少学生是在从事志愿者服务时得到了有关单位的认可并成功应聘。

(7)在校学习过程中积累信息

学校的专业任课教师一般对本专业的情况比较了解,也有较丰富的经验,很多教师与相关的企事业单位、往年的毕业生都有着密切的往来,通过他们可以获得相当准确的信息,尤其是个别岗位零星的需求信息。

(8)其他途径

除了上述七种主要途径之外,毕业生还可以通过其他途径获取就业信息。比如,校园BBS论坛,许多学校的BBS论坛区都设有“求职区”,一些学生、老师或其他人员会在这个区上面发表一些较新的有关招聘信息的文章,有关求职的文章供大家分享,还常常会在上面交谈他们的一些求职经验及心得等。我们通过浏览这些文章,也许可以得到一些更新的招聘信息。

2. 筛选需求信息

从各个渠道搜集了众多的用人单位需求信息后,接下来就要对信息进行分析、筛选,从而确定求职目标。筛选需求信息的原则有:

(1)善于对比;

(2)掌握重点;

(3)了解透彻;

(4)适合自我;

(5)有利发展。

具体说来,一方面,首先把搜集来的信息进行必要的调查了解,然后逐条分析其优势和不足,重点选出有使用价值的信息,最后将自己选出来的重点信息再分别进行较为详细的调查分析,包括对用人单位环境、条件、发展前景及对人员需求的情况、录用条件等。另一方面,要对自己的素质、能力等实际情况进行分析,考虑自己的优势和长处、性格特点等,认真考虑自己是否适合和愿意获得这个岗位,并做出决定。一旦确定之后,就要认真制定自己前去参与竞争的具体方案。

二、制作个人自荐材料

求职就是毕业生通过书信、上网、登门或引荐等渠道,向可能的聘用单位,表达欲求任职的意愿,谋求工作岗位的过程。自荐材料主要包括“个人简历”、“求职自荐信”,有的毕业生还可能得到学校或老师的“推荐信”。它们是毕业生进行自我信息传播的主要载体，也是用人单位构建对毕业生印象的第一信息源，其重要性不言而喻。因此，我们必须精心准备“个人简历”和“求职自荐信”，为自己求职的后续之路做好铺垫。

1. 制作个人简历

个人简历是求职者给招聘单位发的一份简要介绍。俗话说：“人靠衣装，马靠鞍。”作为应聘时必备的个人简历就是毕业生的衣装了。现在一般找工作都是通过网络来找，毕业生的个人简历能否在最初阶段博得用人单位的青睐，在很大程度上已经决定了他是否可以获取面试机会，因此一份良好的个人简历对于获得面试机会至关重要。

<table>
<tr><td>姓名</td><td></td><td>性别</td><td></td><td rowspan="4">照片</td></tr>
<tr><td>籍贯</td><td></td><td>民族</td><td></td></tr>
<tr><td>出生年月</td><td></td><td>身高</td><td></td></tr>
<tr><td>政治面貌</td><td></td><td>电子邮箱</td><td></td></tr>
<tr><td>毕业学校</td><td></td><td>所学专业</td><td colspan="2"></td></tr>
<tr><td>联系电话</td><td></td><td>联系地址</td><td colspan="2"></td></tr>
<tr><td>技能专长与兴趣爱好</td><td colspan="4"></td></tr>
<tr><td>专业主干课程及其成绩</td><td colspan="4"></td></tr>
<tr><td>就业意向</td><td colspan="4"></td></tr>
<tr><td>获奖情况</td><td colspan="4"></td></tr>
<tr><td>其他经历（担任班干、参与社会工作）</td><td colspan="4"></td></tr>
</table>

南昌市卫生学校毕业生个人简历

1. 个人简历的基本要素

标准的个人求职简历主要由四个基本内容组成:

(1)基本情况:姓名、性别、出生日期、民族、婚姻状况、政治面貌和联系方式等。

(2)教育背景:按时间顺序列出最高学历的学校、专业和主要课程及学业成绩。所参加的各种专业知识和技能培训及获得的证书。获得的主要荣誉。

(3)实践(工作)经历:按时间顺序列出参加的主要社会实践活动(工作),包括社会实践活动(工作)的时间、名称、个人从事的主要工作及实践成效。

(4)其他:个人特长及爱好、其他技能,以及自我评价、求职愿望、对这份工作的简要理解等。

个人简历可分为表格式和文字式两种,每种类型各有特点。"表格式"简明扼要,易于呈现关键信息,"文字式"则容量比较大,有利于多维度呈现个人信息。

2. 个人简历的制作原则

写好一份个人求职简历必须把握 4 个核心原则:

一是真实性原则:简历是给企业的第一张"名片",不可以撒谎,更不可以掺假,但可以进行优化处理。专家说,优化不等于掺假,即可以选择把强项进行突出,将弱势进行忽略。比如一个应届毕业生,可以重点突出在校时的学生会工作和实习、志愿者、支教等工作经历,不单单是陈述这些经历本身,更重要的是提炼出自己从中得到了什么具有价值的经验,而这些收获能在今后持续发挥效用。如此一来,招聘单位便不会以"应届生没有工作经验"为由而拒你于千里之外了。

二是针对性原则:做简历时可以事先结合职业规划确定出自己的求职目标,做出有针对性的版本,运用专门的语言对不同企业进行求职递送简历,这样做往往更容易得到招聘单位的认可,而不是看着千篇一律的海投简历感觉到索然无味。

三是价值性原则:把最有价值的内容放在简历中,无关痛痒的不需要浪费篇幅,使用语言讲究平实、客观和精练,太感性的描述不宜出现。通常简历的篇幅为 A4 纸版面 1 ~2 页,不宜过长,内容不能只有一页半、半页,最好能整理成一页。对你申请的工作有意义的经历和经验绝不能漏掉,最好还可以提供能够提高职业含金量的成功经历。

四是明确性原则:求职简历的主要功能在于让招聘者了解你是否符合应聘岗位的条件,因此,在求职简历中要明确应聘何岗位,如果简历中没有明确的目标岗位,则有可能直接被淘汰;要明确与目标岗位相关的个人优势,包括职业技能与素质及经历,尽量量化工作成果,用数字和案例说话。

3.个人简历的制作技巧

一份好的个人求职简历绝对不是信手拈来的随意之作。要制作出管用的个人简历,在制作技巧上,毕业生还必须注意以下10个方面。

(1)仔细检查,减少错误:要仔细检查已成文的个人简历,绝对不能出现错别字、语法和标点符号方面的低级错误。最好让文笔好的朋友帮你审查一遍,因为别人比你自己更容易检查出错误。

(2)注重格式,简洁美观:个人简历的字体最好采用常用的宋体或楷体,尽量不要用花里胡哨的艺术字体和彩色字,排版要简洁明快,切忌标新立异,排得像求职广告。

(3)突出重点,强化优势:简历不是个人自传,与申请的工作无关的事情要尽量不要写,而对申请的工作有意义的经历和经验绝不能漏掉。个人资料里的联系方式一定要齐全,包括手机号码、宿舍固定电话、暂住或家庭地址、E－mail等等,方便招聘单位在第一时间里通知参加面试或发布面试结果。

(4)简明扼要,易于阅读:最好在一页纸之内完成,一般不要超过两页。要保证简历会使招聘者在30秒之内,即可判断出投递者的价值,并且决定是否聘用。

(5)要切记不要仅仅寄你的个人简历给应聘的公司,附上一封简短的应聘信,会使公司增加对你的好感。否则,成功的几率将大大降低。

(6)要尽量提供个人简历中提到的业绩和能力的证明资料,并作为附件附在个人简历的后面。一定要记住是复印件,千万不要寄原件给招聘单位,以防丢失。

(7)一定要用积极的语言,切忌用缺乏自信和消极的语言写个人简历。最好的方法是在心情好的时候编写个人简历。

(8)不能凭空编造经历,说谎永远是卑鄙的,没有哪个公司会喜欢说谎的员工,但也没有必要写出所有真实的经历。对求职不利的经历你可忽略不写。

(9)注重个人简历的结构,不要在个人简历中出现重复的内容。让人感到个人简历条理清楚,结构严谨是很重要的。在罗列各项活动及成果时,顺序应该从现在开始倒过去叙述,把最近的、最新的业绩及成果放在最前面,这样可使招聘单位在最短的时间内了解你最近的经历。在结构严谨的前提下,要使个人简历富有创造性,使阅读者能产生很强的阅读兴趣。

(10)遣词造句要精雕细磨,惜墨如金。尽量用简洁而又不简单的语言。

2. 撰写求职自荐信

著名的人力资源管理专家巴巴拉·维尼斯凯认为,"一封没有自荐信的简历,就像一位没有开口说话的销售员站在你的门前。如果你想让一位陌生人走进你的屋子,你至少要看一看他的证件。这正是自荐信所要做的,——它把你,一位完完全全的陌生人,介绍给读者。它必须引人入胜,个性化,而且要简短。它还需针对你所应聘的职位,逐一陈述。记住,你只有八秒钟的时间能说服你的读者让你进入。"这既说明了求职信的作用,也强调了撰写求职信的要求。

求职信也称为自荐信,是求职者推荐自己适合担任某项工作或从事某种活动、以便对方接受的一种专用信件。它是毕业生所有求职材料中极为关键的支柱性文件,其最主要的功能在于让用人单位知道你非常想而且有能力来担任此职位,并能吸引他(她)翻阅你的简历等自荐材料,因此被称为毕业生求职的"敲门砖",其写作质量直接关系到毕业生择业的成功与否。要撰写好求职自荐信,毕业生必须了解其写作思路及基本格式,掌握撰写的基本要领。

(1)求职自荐信的格式

自荐信的重点在于"荐",在构思上一定要围绕"为何荐","凭何荐"、"怎么荐"的思路安排,其格式一般分为标题、称呼、正文、附件和落款五部分。

①标题:标题是自荐信的标志和称谓,要求醒目、简洁、庄雅。要用较大字体在信纸上方标注"自荐信"三个字,显得大方、美观。

②称呼:写明收信人的姓名和称谓或职务。如用人单位明确,可直接写上单位名称前用"尊敬的"加以修饰,或以领导职务或统称"领导"落笔,如单位不明确,则用统称"尊敬的贵单位(公司或学校)领导"领起,最好不要直接冠以最高领导职务,这样容易引起第一读者的反感,反而弄巧成拙。如:尊敬的×××先生或×××女士或×××医院领导等。

③正文:正文是自荐信的核心,开语应表示向对方的问候致意。主体部分一般包括自荐目的、条件展示、愿望决心和结束语4项内容。

自荐目的要写清信息来源,求职意向、承担工作目标等项目,要写得明确具体、但要把握分寸、简明扼要,既不能要求过高又不能模棱两可,给人以自负或自卑的不良印象。重点要描述对该职位的理解和感兴趣的原因。一定避免不懂装懂,滥竽充数;也不可故弄玄虚、滥用专业术语。

◆链接

尊敬的×××先生：

我从2001年11月20日的《南昌晚报》上获悉贵医院正在招聘护士，如果贵医院想寻找一名充满活力、温和善良而又端庄秀美的女护士，我自信能够胜任这个岗位。

在具体写法上，开头一般应有一句引子，传统的引子是写明应聘信息的来源。如：

刚迈入韶华岁月的我，向往美好的人生，漫漫人生路，我想路在我的脚下，第一步我所盼望的，是能够迈入贵医院的大门。

也可以用积极奋发及富有激情的笔触来写，如：

条件展示是自荐信的关键内容，主要应写清自己的才能和特长。要针对所求工作的应知应会去写，充分展示求职的条件，从基本条件和特殊条件两个方面解决凭什么求的问题。在陈述应聘的理由时，要言之有据，突出个人最有说服力的部分。切忌这样写："我是20015届南昌卫校的一名毕业生，我的专业是……"

愿望决心部分要表示加盟对方组织的热切愿望，展望单位的美好前景，期望得到认可和接纳，自然恳切，不卑不亢。

结束语一般在正文之后按书信格式写上祝语或"此致，敬礼"、"恭候佳音"之类语句。

④附件：自荐信附件主要包括个人简历，证书和荣誉证书的复制件、需要附录说明的材料，也可作为附件一一列出。

⑤落款：落款处要写上"自荐人×××"的字样，并标注规范体公元纪年和月日。随文处要说明回函的联系方式、邮政编码、地址、电子邮箱、电话号码等。署名处不宜用打印字体，求职人应亲自签名，以示郑重和敬意。

(2)求职自荐信的撰写要领

①文风自然而有个性：使用简洁通俗的语言，句式结构尽量简单，不要为了求新求异而让人觉得拗口，不使用生僻的字。行文的语言不妨口语化一点，要有灵气，就像是娓娓道来，不可乱了分寸。多用动词，少用形容词。

②具体而开门见山：自荐信的目的是为了留给人事主管一个良好的印象，使他/她进一

步阅读繁冗的简历。自荐信的重要之处在于它必须始终回答这样一个问题:“我为什么要任用这个求职者?”

③心态积极而不责备抱怨:不要在自荐信里抱怨以前的老板,或者用“无聊”、“没趣”来形容先前的工作。谁愿意任用一个总是有情绪的员工呢?除此以外,还要注意不要让人觉得你是在乞求一份工作,因为人事经理很可能会以为你的境遇不佳。

④自信但不自傲:不要自我否定也不要过于谦卑。告诉负责人你很适合这份工作,但是不要以命令语气。不要装作熟悉你根本就不了解的事情;说明你为什么会对公司感兴趣,这样就够了。特别是对自己的优势不能夸夸其谈,恃才自傲。

⑤礼貌而又尽显专业:也许在朋友面前,你是个天生的喜剧演员;面对人事经理,距离与尊重才是最佳的相处之道。动笔之前最好对单位有所了解,以免说外行话。赞誉之词的使用要恰当,以免有讨好之嫌。

⑥严谨细致而不随意:字迹工整,严禁错别字。文字和标点符号使用规范,不随意使用缩略语。如求职自荐信是打印的,需应聘人手写签名,以示郑重。

子任务二
进行曲：我是最棒的

“先相信你自己，然后别人才会相信你。”

——屠格涅夫

面试是一种在特定的场景下，经过精心设计，通过主考官与应试者双方，进行面对面的，以交谈、观察和测试为主要手段，以了解应试者素质特征、能力状况以及求职动机等为目的的一种测评活动。在整个求职应聘过程中，面试无疑是最具有决定意义的一环，对于那些初入职场的应届毕业生来说，面试既是一道难过的坎儿，也是一次难得的机会。一方面，面试为求职者提供了全面展示自身素质、能力、品质的最好时机，是一个“露脸”的平台，面试发挥出色，可以弥补诸如学历、专业上的一些不足。另一方面，面试也是用人单位对应聘者的一次审视和检测，稍有不慎，就可能出现“露腚”的尴尬场面，导致“败走麦城”，与岗位失之交臂。现实中应有许多学习成绩优秀、平时表现良好的学生在面试阶段由于准备不足、谈吐不当、应对失措等原因错失就业机会，令人惋惜。总结众多毕业生面试成败的经验教训，我们认为，应届毕业生要想顺利通过面试，精心准备是基础、有礼善对是关键、不触禁忌是要害。

一、面试前的准备

俗话说，“不打无准备之仗”，“机遇从来都是青睐有准备的人”。面对日趋激烈的择业竞争，面对用人单位越来越挑剔的眼光，应聘面试前一定要做好充分准备，这是所有面试成功者共同的体验。具体而言，就是要按照全面、扎实的要求，做好知识、资料和身心方面的准备。

1. 知识准备

知识准备的内容一般包括“面试的目的、类型、流程等基础知识”和“与应聘岗位相关的业务知识”两个方面。

(1)面试的基础知识

求职者必须掌握面试的目的、种类、流程等基础知识,这对于确定准备重点、正确选择参加面试的方法技巧具有重要作用。

①面试的目的

重视面试是人员招聘工作中的通行做法,有的单位甚至可以忽视笔试,却不忽略面试。用人单位之所以如此重视面试环节,是由面试的特点和目的决定的。与查阅简历相比,面试是双方面对面的交流,面试官可以通过显性的、隐性的方式对应聘者进行多角度、近距离地考察测评,获取“第一印象”、“体态相貌”、“性格气质”等简历中所没有的信息,对应聘者构建起生动的、直观形象。一般来说,面试的主要目的包括“考核求职者的动机与工作期望”、“考核求职者仪表、性格、知识、能力、经验等特征”、“获取笔试中难以获得的信息”三个方面。现实中有的求职者就因为对面试的目的不清,忽视小节,给面试官留下不好的第一印象而错失良机,实在令人惋惜!

②面试的形式和种类

为了更好地识得应聘者的“庐山真面目”,面试官会根据关注重点的不同采取不同的面试形式。了解不同面试形式的特点和要求是应聘者确定准备重点、选择应对技巧的直接依据,这必须引起求职者的高度重视。

首先,依据面试的内容与要求,面试大致可以分为以下几种:

第一,问题式面试:由招聘者按照事先拟订的提纲对求职者进行发问,请予回答。其目的在于观察求职者在特殊环境中的表现,考核其知识与业务,判断其解决问题的能力,从而获得有关求职者的第一手资料。

第二,压力式面试:由招聘者有意识地对求职者施加压力,就某一问题或某一事件作一连串的发问,详细具体且追根问底,直至无以对答。此方式主要观察求职者在特殊压力下的反应、思维敏捷程度及应变能力。

第三,随意(或自由)式面试:即招聘者与求职者海阔天空、漫无边际地进行交谈,气氛轻松活跃,无拘无束,招聘者与求职者自由发表言论,各抒己见。此方式的目的为:于闲聊中观察应试者谈吐、举止、知识、能力、气质和风度,对其做全方位的综合素质考察。

第四,情景(或虚拟)式面试:情景模拟就是招聘单位根据求职者应聘的职位虚拟一个工作环境,让求职者直接进入工作角色,从而测试其能力;或者招聘单位根据招聘岗位在实际中存在的问题提问,希望求职者能对问题进行分析并提出解决方案。其目的在于考核其分析问题、解决问题的能力。

第五,无领导小组讨论:无领导小组讨论是由一组求职者组成一个临时的工作小组,讨论给定的问题,需要求职者个别回答。由于这个小组是临时拼凑的,并不指定谁是负责人,目的在于考察求职者的各种能力和性格特征,如领导能力、协调能力、决策能力。

第六,视频面试:视频面试成为这两年来被广泛应用的面试类型。稳定的网络信号和安静的环境是视频面试的最基本的要求。在这种面试中,要注意面试官的表情,同时要认真倾听面试官的问题,回答问题时要尽量简单明了。

第七,综合(全方位)式面试:招聘者通过多种方式考察求职者的综合能力和素质,如用外语与其交谈,要求即时作文,或即席演讲,或要求写一段文字,甚至操作一下计算机等等,以考察其外语水平,文字能力,书法及口才表达等各方面的能力。

其次,根据所处阶段的不同,面试大致可以分为以下几种:

第一,筛选:初轮面试称为筛选,更直接地说就是把不合适的人先筛出来。被面试者众多,每人分得的时间有限,一般是10~30分钟不等。这种面试作为多轮选拔的开始,既可能在学校进行也可能在用人单位进行。在校生一般只有两轮面试,很有可能首轮面试你会见到不止一个面试人员。但面试人员的级别不会很高,因为筛选的目的是为了筛去多数应聘者,只留下那些符合条件的求职者。再把你列入“审查通过”的单子以及让你进入下一轮面试之前,他们只在乎完成一项基本任务:确保你基本符合条件。求职者此阶段的目标就是确保自己“选得上”。

第二,进阶选拔:所谓“进阶”,可以是第2轮,也可以加上第3轮。甚至更多。在经历了万马齐“鸣”的第一轮筛选之后,不少应试者会接到进阶选拔的通知,开始面试的关键阶段。这就不再是大量筛选了,而是一个精挑细选的过程。通常都是由级别比较高的人来主持面试,面试的时间也会更长,程序也更复杂,往往要经历两个以上考官的评估,只有少数的应试者会脱颖而出。有些人自以为资质很好,又是高校的优等生,他们乐观地认为在这种低层次的面试中会稳操胜券,因而不免掉以轻心。盲目的自信会在不经意间带出一种咄咄逼人的气势,一旦给面试考官造成这种印象,即便你的硬件再优秀,也很难获得考官的青睐,因为面试考官会觉得你与人相处的能力很差,恃才傲物。求职者此阶段的目标就是确保自己“留得下”。

第三,最终角逐:最终只有少数的佼佼者会进入最后一轮面试,进行“最终角逐”。有时候最后一轮面试就是和用人单位的高层管理人员见见面,甚至只是闲聊几句,但这却是非常关键的一轮!有些高管级别越高,越显得和蔼可亲,这时有些同学会渐渐放松,个别同学会表现出无拘无束、小人得志的心态。虽然从领导口中会说出最优美的词句,但对得意洋洋之人会做出最冷酷的裁判。另一不可轻视的问题是,在最后一轮中同样存在着“差额选举”的淘汰。求职者此阶段的目标就是确保自己“保得住”。

再次,根据单次考核应聘者人数的不同,面试可以区分为“个体面试”和“集体面试”两种。

个体面试,即用人单位对求职者单独进行的面试。这是较为传统的面试方式,包括“一对一”和“多对一”两种具体运行方式。这种面试能否成功很大程度上取决于求职者个人能力和亲和力。

集体面试,即多位面试官同时面试多位求职者进行面试(多对多),主要是通过求职者的经历、谈吐以及一些相关问题来衡量其职业素养;同时也考察求职者的沟通能力、协调能力、语言表达能力和领导能力,一般出现在招聘的第一轮筛选中。

③面试问题的基本类型

面试的过程就是双方问与答的过程。熟悉了解面试官所提问题的范围、类型,并做相应的准备,可以帮助应聘者建立信心,减少恐惧。经过人力资源专家的统计归类,发现毕业生在求职面试过程中常见的问题通常会涉及教育、职业发展、自我评价、家庭背景、求职动机、专业知识和技能、成功愿望等方面,具体可以分为“背景型问题 ”、“知识型问题”、“思维型问题 ”、“经验型问题 ”、“情境型问题 ”、“压力型问题 ”六种类型。

④面试的基本流程

面试工作的基本流程一般包括以下主要环节:招聘单位对求职者的申请材料进行审核,确定面试名单;招聘单位向求职者通知面试时间、地点。面试地点一般按照就地就近和方便的原则进行安排。通常有两种情况:学校或其附近的场地,招聘单位或其附近场地。通知面试的方式也大致有二:招聘单位先通知学校就业主管部门,由学校通知学生或招聘单位直接通知学生本人。求职者准备面试;正式面试。

(2)业务知识准备

与应聘岗位相关的专业知识、业务技能等要熟知。如果应聘岗位所涉及的专业知识是平时在课堂上没有学到的,就必须提前进行准备,有条件的,应当向专业教师请教。应知应会的最好能背下来,面试时切忌"一问三不知"。

2. 资料准备

求职者至少要提前一天准备应聘的必备资料,包括多份备用简历、身份证、学生证(毕业证)、笔、笔记本、荣誉证书与应聘职位相关的作品。最好把这些材料都放在公文包里,如果实在没有公文包可准备一个资料袋,其大小应可以平整地放下 A4 纸大小的文件,确保各种纸质材料平整。

3. 身心准备

面试就好比是一场综合性比赛,要赢得比赛,要求运动员不仅要有良好的专业素养和技能,而且要有过硬的心理素质和良好的临场发挥。首先要清醒认知自我,充满信心。"天高任鸟飞,海阔凭鱼跃"。保持良好的状态,快乐的心情,会大有好处。其次,要保持平常心态,看淡成败。思想上既要高度重视,又不能苛求一时之成败。统计数据表明,大多数人通常需要五次以上的面试机会才能得到一份理想的工作,不要把成功的希望全部寄托在一个公司一次面试机会上。再次,要正确定位面试官,淡化对立情绪。面试官的目的不是想办法难倒大家,而是想要了解一个人。

面试前要力保睡眠充分和心情愉快,以保持良好的精神状态和充沛的体力,防止在面试过程中因为等待时间过长而出现体力不支。面试前还应注意修饰自己的仪表,使穿着打扮等与年龄、身份、个性等相协调,与应聘的职业岗位相一致。这一点将在以下的内容中较为详细地阐明。

此外,在做好上述三方面准备的基础上,还可以进行模拟练习,将沟通、聆听、举止、表达、礼仪等充分演练,突破缺乏面试经验的难点。对照简历,演练常见面试问题,充分准备有可能提出的问题,做到梳理思路、心中有底。并对各项安排进行确认,核实面试时间、地点、形式、轮次、目的、应聘职位等。如果对面试现场不熟,最好能提前走一趟,了解沿途的交通状况及可以搭乘的交通工具,以便做好出发的准备,确保面试安排准确无误。如果是参加外地单位组织的面试时,则需事先了解该单位的确切方位及当地气温,以便能胸有成竹地参加面试。

二、面试技巧与礼仪

面试技巧与礼仪涉及的内容比较广泛,它涵盖求职者自进入面试现场到结束面试、离开现场全过程所应该注意的技巧和礼仪。具体包括等待面试—自我介绍—交谈和回答问题以及离场等五个环节的技巧和礼仪。

1. 面试的主要技巧

(1)自我介绍的技巧

自我介绍是面试过程实质性的第一步,几乎是所有考官必问的题目。自我介绍并非简单的"例行公事",而是考官对面试者进行的综合能力考察,主要评估面试者的言谈举止是否得体,个性特点、行事风格是否合意,敬业精神与自信是否具备。同时,有经验的面试官会从中窥出面试者的表达能力、学习能力、理解能力、沟通能力和团队合作精神等。因此,求职者在做自我介绍时,所述内容要与简历相一致,若自相矛盾,只会给自己平添麻烦。要坦诚自信地展现自我,重点突出与应聘职位相吻合的优势。你的相关能力和素质是面试官最感兴趣的信息,因此,在许多情况下,在听取你的介绍时,考官也会抓住他感兴趣的点深入询问。所以,在进行表述时,要力求以真实为基础,顾及表达的逻辑性和条理性,避免冗长而没有重点的叙述。这样专业而出色的表现,肯定是令考官们赞赏有加的。

(2)答问的技巧

面试过程中,通常情况下求职者处于相对被动的地位,回答各种问题是面试的基本形式,因此,能否灵活运用各种技巧,给出令面试官满意的答案对面试的成败具有决定性作用。求职者答问的技巧主要有:

①把握重点、条理清楚。一般情况下回答问题要结论在先,议论在后,先将中心意思表达清楚,然后再做叙述。

②讲清原委,避免抽象。招聘者提问是想了解求职者的具体情况,切不可简单地仅以"是"或"否"作答,有的则需要解释原因,有的需要说明程度。

③确认提问，切忌答非所问。面试中，招聘者提出的问题过大，以致不知从何答起，或求职者对问题的意思不明白是常有的事。“你问的是不是这样一个问题……”将问题复述一遍，确认其内容，才会有的放矢，不致南辕北辙、答非所问。

④讲完事实以后适时沉默。保持最佳状态，好好思考你的回答。

⑤冷静对待，宠辱不惊。招聘者中不乏刁钻古怪之人，可能故意挑衅，令人难堪。这不是“不怀好意”，而是一种战术提问，让你不明其意。故意提出不礼貌或令人难堪的问题，其意在于“重创”应试者，考察你的“适应性”和“应变性”。你若反唇相讥，恶语相对，就大错特错了。

⑥要知之为知之，不知为不知。面试中常会遇到一些不熟悉、曾经熟悉现在忘了或根本不懂的问题。面临这种情况，回避问题是失策，牵强附会更是拙劣，诚恳坦率地承认自己的不足之处，反倒会赢得招聘者的信任和好感。

⑦有良好的语言习惯。不仅是表达流利，用词得当，同样重要的还有说话方式。

——发音清晰。有些人个别音素发音不准，如果影响讲话整体质量的，应少用或不用含有这个音素的字或词。

——语调得体。得体的语调应该是起伏而不夸张，自然而不做作。

——声音自然。音调不高不低，不失自我，不仅听来真切自然，而且有利于缓解紧张情绪。

——音量适中。音量以保持听者能听清为宜。

——语速适宜。要根据内容的重要程度，难易度及对方注意力情况调节语速和节奏。

此外还要警惕过分使用语气词、口头语等容易破坏语言意境的现象，这不仅有碍于人们的连贯理解，还容易惹人生厌。

⑧合理运用肢体语言。面试中，合理的运用肢体语言，可以给面试官留下良好的印象。因此，在面试中，求职者不妨谨记以下这些小细节——仔细聆听，面带微笑，手势恰当，声音响亮、抑扬顿挫，精神风貌乐观积极。这些丰富的肢体语言和恰当的语音语调，势必会使你的面试锦上添花、事半功倍。

(3)发问的技巧

面试时若面试官问你有没有问题时，你可以适当问一些问题，并且应该把提问的重点放在招聘者的需求以及你如何能满足这些需求上。通过提问的方式进行自我推销是十分有效的，所提问题必须是紧扣工作任务、紧扣职责的。

你可以询问诸如以下的问题：应聘职位所涉及的责任以及所面临的挑战；在这一职位上

应该取得怎样的成果;该职位与所属部门的关系以及部门与公司的关系;该职位具有代表性的工作任务是什么等。当然也要注意不要问一些通过事先了解能够获得的有关信息,这会让人对你的面试目的是否明确表示怀疑。同时问题也不应过于具体。尤其不要过于纠缠个人报酬和福利待遇问题。

(4)处置现场"小插曲"的技巧

在面试过程中,为了考察的全面性,面试官可能会故意设置一些情况,或出现一些意外的"小插曲",需要求职者展现良好的现场处置能力。

①善于打破面试中出现的长时间沉默。

面试中,有时面试官为了测评求职者的心理承受能力,会故意长时间不讲话,造成长时间的沉默。当出现这种情况时,求职者可以利用这段时间,对前面所讲的话题加以必要的补充;或者也可以提一些自己对用人单位尚不理解的问题;还可以利用这部分时间介绍一些有关个人的详细情况,总之要学会主动打破僵局。

②沉着应对突发的面试中断

面试中,有时会出现突发的事件(如面试官接听电话等)面试官暂时终止了面试,这时,毕业生不要露出不耐烦或不知所措的表情。利用这段时间,毕业生可以回想前面面试的情况,如有不足,可适时调整,为后续的面试做好准备。

③礼貌回答几位面试官的同时提问

为了考察求职者的应变能力,有时候面试中会出现几位面试官同时提问的情况:这时,应聘者既要逐一回答,又要显得有礼貌。可以说:"对不起,请让我先回答领导甲的提问,然后再回答领导乙和领导丙的提问,可以吗?",回答哪位在先,哪位在后,一般应以官职从高到低排,当然,也可以按照发问的先后次序排。

④冷静应对面试官的故意刁难

为了考察求职者在压力下处理问题的能力,在面试过程中,面试官会故意设置一些陷阱,突然地抛出一些看似毫无道理的问题,这时,求职者一定要控制自己的情绪,保持头脑的冷静,快速地思索自己是否真的出现了什么大的错误,在确认问题并不是出在自己身上后,诚恳地做出适当的解释和回答,而不宜在这类问题上纠缠不休。

(5)圆满结束面试的技巧

①适时告辞。面试不是闲聊,也不是谈判。从某种意义上讲,面试是陌生人之间的沟通。谈话时间的长短要视面试内容而定。面试官认为该结束面试时,往往会说一些暗示的话语:

——我很感谢你对我们这项工作的关注。

——谢谢你对我们招聘工作的关心，我们一做出决定就会立即通知你。

——你的情况我们已经了解了。你知道，在做出最后决定之前我们还要面试几位申请人。

求职者听了诸如此类的暗示语之后，就应该主动告辞，尽量不要让面试官说出类似于“面试结束了，你可以走了。”这样的“逐客令”，否则你的印象会大打折扣，因为此时面试官也许正在考察你的观察力和反应能力。

②礼貌再见。面试结束时的礼节也是公司考察录用的一个砝码。成功方法在于，首先不要在招聘者结束谈话前表现出浮躁不安、急欲离去的样子。其次，告辞时应感谢对方花时间同你面谈。走时，如果有秘书或接待员接待过你或招待过你的话，也应向他们致谢告辞。报载，一位毕业生来到深圳求职，面试时一番锋芒毕露的自我介绍，结束时抛下声“再见”，连握手也免了，拂袖扬长而去。接待他的招聘者苦笑着摇头：如果说有个性、有锋芒可以容忍的话，那么连基本礼节都不懂的人则“养不起”，也无法与之合作。

2. 面试的基本礼仪

礼仪既是一个人外在形象的展示，也是内存素养、教养的自然流露。整洁合体的衣着、文明儒雅的谈吐、端庄得体的举止都会增加求职者面试成功的砝码。参加面试时，在礼仪方面应着重把握以下几个方面。

（1）服饰要得体。就服饰而言，应聘者在去求职面试前，必须精心选择自己的服饰。那就是服饰要与自己的身材、身份相符，表现出朴实、大方、明快、稳健的风格。在面试时，着装应该符合时代、季节、场所、收入的程度，并且要与自己应聘的职业相协调，能体现自己的个性和职业特点。一般说来，服饰要给人以整洁、大方得体的感觉，穿着应以保守、庄重一点为好，不要追求时髦，浓妆艳抹，尤其是女性，如果衣着过于华丽，描眉搽粉，项链、耳环、戒指都戴上，这样会给用人单位一种轻浮的印象，影响面试的成绩。此外，如果衣服的面料、品牌都挺好，却不洗不熨，不按正确的方法穿着，也容易给人一种精神不振的感觉。女同学的装束以朴实、庄重为好，男同学则以整洁、干练为好。要注意提前理好自己的发型。另外，装束打扮一定要与谋求的职业相称，应与自己的兴趣、爱好、个性、气质、习惯相符合。

（2）遵守时间。守时是现代交际时效观的一种重要原则，是作为一个社会人要遵守的最起码的礼仪。面试中，最大的忌讳就是不守时，因为等待会使人产生焦急烦躁的情绪，从而使面谈的气氛不够融洽。有专家统计，求职面试迟到者获得录用的概率只有相当于不迟到

者的一半。可见,守时这一礼仪在面试中的重要性。因此,面试时,千万不能迟到,而且最好能够提前十分钟到达面试地点,以有充分的时间调整好自己紧张的情绪,也表示求职的诚意。假如依照约定的时间匆匆前往,对方也许已在等候你,那样就显得你欠礼貌、欠诚意,同时还容易使你情绪紧张而影响面试效果。遵守时间有时还会有这样一种含义,即要遵守事先约定的面试时限。有时招聘者主动提出只能谈多长时间,有时需要你主动问可以谈多长时间,无论何种情况,求职者都一定要把握好时间,以体现你的时间观念和办事效率。

(3)表情自然,动作得体。进门时,不要紧张,表情越自然越好,在对方没有请你坐下时切勿急于坐下,请你坐下时,应说声"谢谢",坐下后要保持良好的坐姿,不要又是挠头皮、抠鼻孔,又是挖耳朵,或跷起二郎腿乱抖。对于女同学来讲,动作更应得当,任何轻浮的表情或动作都可能会让招聘人员对你不满。另外各种手势语也要恰当得体、自然。

(4)讲究文明礼貌。进门时应主动打招呼:"您好,我是某某",如果是对方主动约自己面谈,一定要感谢对方给自己这样一个机会;如果是自己约对方面谈,一定要表示歉意"对不起,打扰您了"等等。面谈时要真诚地注视对方,表示对他的话题感兴趣,决不可东张西望,心不在焉,不要不停地看手表,否则,显得不尊重对方。另外,对对方的谈话的反应要适度,要有呼应。他说幽默话时,你的笑声会增添他的兴致;他说话严肃认真时,你屏住呼吸则强化了气氛，这种反应要自然坦率，不能故意做作或大惊小怪地做出表情。

(5)保持安静，展现良好公德。在等候面试时，不要到处走动，更不能擅自到考场外面张望，求职者之间的交谈也应尽可能地降低音量，避免影响他人应试或思考。不要对其他的人品头论足，更不能出言不逊。最好的办法就是抓紧时间熟悉可能被提问的问题，积极做好应试准备。

三、面试的主要禁忌

面试过程中也存在着一些禁忌，应聘者一旦触碰，轻者造成不良印象，重者直接失去面试机会。根据实践经验，面试的禁忌主要有以下几个方面：

1. 忌缺乏自信，谦卑过当

有的应聘者错误理解了面试的实质，把面试这种机会平等的面谈误解为审讯警官拷问嫌疑犯，致使自己认为自己低人一等，谨小慎微，答问时理不直、气不壮。把面试官奉若神明，点头哈腰，唯恐有丝毫冒犯，失去做人的尊严。这样的求职者纵然是“才高八斗、学富五车”也不会被聘用。

2. 忌坐立不安，举止失当

面试时决不能做小动作，如摇头晃脑、频频改变坐姿，更不能嚼口香糖、抽烟。主试者可能示意你抽烟，但最好谢绝他的好意。主试者的“宽宏大量”是暴露应聘者弱点的最佳武器之一，在整个面试过程中，注意不要让自己的小毛病浮出水面。

3. 忌表达不当,语言失范

主要表现有言语粗俗、文不对题、表述不清。有的应聘者把毫不修饰语言习惯错误理解为男子汉气概或不拘小节;有的求职者在回答问题时,牵强附会,答非所问,不知所云,让听者一头雾水;有的求职者在回答问题时,说得太急,语速过快,像连珠炮,让面试官根本无法抓住其回答的要领,同时还给人以"卖弄"之嫌。

4. 忌反应脱节

主要表现为反应过敏和反应迟钝两种现象。有的应聘者言谈中迫不及待想得到某个岗位,急着回答自己没听清或没有理解透彻的问题,而不是有礼貌地请对方再说一遍或再说明;不加解释就自称掌握某种技术,何处培训、何时参加、何人教授一律避而不答,令人生疑。所谓"欲速则不达"。也有的应聘者在面试过程中心神不宁,神游太虚,对面试官所提问反应冷漠,答问迟疑、犹豫不决,让人心生反感。

5. 忌提问幼稚

在向考官提问时要考虑自己提的问题是否有价值或者主考官已经回答过或解释过。幼稚的问题一旦问出口,应聘者此前辛苦建立的形象自然矮三分,付出的努力至少打对折。

6. 忌举止轻佻,做鬼脸

顽童做鬼脸,人们往往觉得其天真可爱,而且在平时人们的表达中也经常用到。但是,在面试中,夸张的鬼脸会使主试者认为你过于造作、善于伪装、会演戏,给人以轻佻浅薄之感。另外,表达恶意的鬼脸更容易令对方觉得你是没有礼貌、无教养的。

7. 忌弄虚作假,作风不实

前面在讲到制作面试材料时已经反复强调了"真实"是最重要的核心要求,"真实"、"务实"同样是面试中的底线,绝不能弄虚作假,不懂装懂,强词狡辩。失去了这条底线,一切所谓的"技巧"只会沦为滑稽的、拙劣的表演,一切所谓的"礼仪"就会蜕变为"道貌岸然"。这种道德缺失的人是不可能有市场的。

子任务三
圆舞曲:别说“再见”

俗话说,做事情要善始善终,求职面试也是这样。面试后的妥善处理具有独特的作用,这应当引起应聘者的高度重视。一般来说,在参加完面试后,并非万事大吉,就像一场加时的足球赛,胜负尚未分晓,因此不可大意失荆州,细心的求职者不妨再做以下几项工作:

一、回顾总结

俗话说,“打一仗,总结一次,提高一步”,“吃一堑”之后之所以能“长一智”关键在于总结。面试后的回顾总结的重要功能在于“提高能力,以利再战”。当今社会,对于绝大多数人来说,都存在着再次甚至多次求职的可能,通过总结,积累经验,查找教训,可以有效提升求职应聘的能力。因此,做好面试后的回顾总结无论是对于面试的成功者还是暂时的失利者都具有十分重要的意义。在回顾总结时应着重把握以下几点:

(1)面试一结束,应该对自己在面试时遇到的难题进行回顾。重新考虑一下,如果他们再一次向你提问时,该如何更好地回答这些问题。

(2)尽量把你参加面试的所有细节记下。一定要记下面试时与你交谈的人的名字和职位,以便日后需要联系时用得着。

(3)不要过早打听面试结果。在一般情况下,考官每天面试结束后,都要进行汇总,文字组织和上报,最后确定录用人选,可能要等3~5天。求职者在这段时间内一定要耐心等候消息,不要过早打听面试结果。否则会给人留下“不稳重”、“没耐心”的不良印象。

(4)万一通知你落选了,你也应该虚心地向招聘者请教你有哪些欠缺,以便今后改进。这样,就可以知道自己到底为什么落选。一般来说,能得到这样的反馈不容易,你应该好好抓住时机。

二、会后致谢

“投我以木桃,报之以琼瑶”

——《诗经·卫风·木瓜》

面试后的致谢,是十分重要的,因为这不仅是礼貌之举,显示个人修养,也会使主考官在作决定之时对你有印象。在具体操作时重点做好以下几点:

(1)在面试后的1~2天内,可以给某个具体负责人写一封短信或打个电话。在信里或电话中应该感谢他们为你所花费的精力和时间及提供的各种信息。

(2)如果在一个星期内,或者依据他们做决策所需的一段合理时间之内没有得到任何音讯,你可以给负责人打个电话,问他是否已经做出决定了?这个电话可以表示出你的兴趣和热情。还可以从他的口气中听出你是否有希望得到那份工作。

(3)如果在打听情况时觉察出自己有希望中选,但最后决定尚未做出,那你过段时间后再打一次电话询问。

(4)每次打电话后,你还应该给对方寄封信。内容应该包括:①重申你的优点;②你对应聘职位仍然十分感兴趣;③你能为公司的发展做出具体的贡献;④你希望能早日听到公司的回音。哪怕他们已经暗示你可能落选了,寄一封短信说明你即使没有成功但也很高兴有面试机会。这样做不仅仅是出于礼貌,而且还能使接见者在其公司出现另一个职位空缺时心里想着你,创造出一个潜在的求职机会。

◆附：面试后的感谢信

尊敬的××先生：

感谢您昨天为我的面试花费的时间和精力。我和您谈话觉得很愉快，并且了解到许多关于贵公司的情况，包括公司的历史、管理形式以及公司宗旨。

正如我已经谈到过的，我的专业知识、经验和成绩对公司是很有用的，尤其是我的吃苦钻研能力。我还在公司、您本人和我三者之间发现了思维方法和管理方法上的许多共同点。我对贵公司的前途十分有信心，希望有机会和你们一起，为公司的发展共同努力。

再一次感谢您。并希望有机会与您再谈。

您的学生：×××

年　月　日

子任务四
变奏曲:炼就识别就业陷阱的“火眼金睛”

第一次就业总是充满了挑战。因为是第一份工作,难免充满了诸多的不确定因素,然而,不确定并不代表可怕,只要我们多一点点准备,多一点点勇气,多一点点耐心,无论未来是否能够成就大事业,当我们回头的时候,我们定会感谢当年自己迈出的第一步。

一、求职“护身符”

——通过面试后,单位要求我缴纳费用,参加专项培训后方可签订劳动合同、正式入职,我能答应吗?

万立新是药剂专业应届毕业生,经过两轮的面试后,他收到了某医药公司发出的《通过公司面试的通知》。通知中载明,小万通过了公司的销售顾问岗位面试,为确保小万掌握该岗位相关的知识、技能,胜任入职后的工作需求,该公司将对小万进行相关培训,公司与小万各负担培训费用的50%。考虑到该行业的发展前景,小万向该公司缴纳了培训费3000元。然而,5个月的培训后,该公司并未与小万签订劳动合同,也未向小万提供工作岗位。已经错过求职时机的小万只得将该公司诉至法院,要求该公司返还培训费3000元。法院经过审理发现,该公司在5个月的培训期内并未对小万进行正规、系统的课程培训,亦未对小万进行相应考核,故判决该公司应向小万返还3000元培训费。

《劳动合同法》第九条明确规定:“用人单位招用劳动者,不得扣押劳动者的居民身份证和其他证件,不得要求劳动者提供担保或者以其他名义向劳动者收取财物”。本案中,该公司在招录员工的过程中,以对小万进行入职专项培训为由,向小万收取高额培训费用的行为有违法律规定,小万有权拒绝。此外,该公司虽向小万发出《通过公司面试的通知》,但该通知仅代表小万通过面试,并不意味着公司将必然与小万签订劳动合同、建立劳动关系。小万并不能据此认定,该份工作已经“十拿九稳”。因此,在求职过程中,当遭遇用人单位提出交纳“保证金”“制服费”“培训费”等要求,或遭遇用人单位提出代存、代管“从业资质证”“资格证”等要求时，求职者可依法予以拒绝。同时，从谨慎、负责的角度，求职者亦应以此为警醒，对该用人单位是否正规、所招聘职位是否存在等情况重新进行考虑，以避免落入有心人设下的“招聘陷阱”。

《劳动合同法》是比较完整地保护劳动者合法权益的法，在涉及劳动关系双方基本权利方面都给予了充分保障，保障劳动关系双方都有一个基本权利。

二、求职“护业符”

——对于试用期的长短、待遇，法律有无明确规定？单位与我签订了1年期的试用期劳动合同，合同有效吗？

苏丽是护理专业应届毕业生，毕业后入职某医院从事护理工作。医院负责人表示，小丽还未取得护士执业资格证书，如果取得证书，医院则会安排与其签订正式的劳动合同。考虑到专业确实对口，苏丽答应上述要求，与医院签订了为期1年的试用期劳动合同，工资按同岗位正式员工的80%计算。1年后，苏丽要求医院与其签订正式劳动合同，但遭拒绝。后苏丽依法向医院主张权益，要求医院按照转正后的工资标准支付工资差额，苏丽的主张得到了法律支持。

试用期，即用人单位与劳动者相互了解相互选择的考察期。就试用期期限，《劳动合同法》第十九条明确规定“劳动合同期限3个月以上不满1年的，试用期不得超过1个月；劳动合同期限1年以上不满3年的，试用期不得超过2个月；3年以上固定期限和无固定期限的劳动合同，试用期不得超过6个月……试用期包含在劳动合同期限内。劳动合同仅约定试用期的，试用期不成立，该期限为劳动合同期限”；就试用期待遇，《劳动合同法》第二十条明确规定“劳动者在试用期的工资不得低于本单位相同岗位最低档工资或者劳动合同约定工资的百分之八十，并不得低于用人单位所在地的最低工资标准”。本案中，医院与小丽签订的《试用期劳动合同》有两处不符合法律规定：其一是合同仅约定试用期，其二是1年的试用期时间过长。实践中，由于试用期期间用人成本较为低廉等因素，不乏一些用人单位恶意约定长时间试用期、重复约定试用期，或直接签订试用期劳动合同，达到使用“廉价劳动力”的目的。因此，求职者在面对“试用期”要求时，应牢记：劳动合同法中试用期长短有上限，工资多少有下限。

表1　试用期表格

<table>
<tr><td>3 个月 < 劳动合同期 < 1 年</td><td>不得超过 1 个月</td><td rowspan="3">试用期包含在劳动期限内</td><td rowspan="3">试用期工资不得低于</td><td rowspan="3">1. 本单位相同岗位最低档工资
2. 劳动合同约定工资的 80%
3. 用人单位所在地的最低工资标准</td></tr>
<tr><td>1 年 < 劳动合同期 < 3 年</td><td>不得超过 2 个月</td></tr>
<tr><td>3 年 < 劳动合同期
劳动合同期 = 无固定期限</td><td>不得超过 6 个月</td></tr>
</table>

劳动者在就业方面有自由流动、自主选择的权利,用人单位有用人用工的自主权,用人单位不允许对劳动者的流动加以特别限制。劳动者解除劳动合同,最基本的原则是提前告知。

人们常说的"五险一金",指的是:养老保险、医疗保险、失业保险、工伤保险、生育保险和住房公积金。其中工伤保险和生育保险全由用人单位缴纳,养老保险、医疗保险、失业保险和住房公积金由用人单位和个人共同缴纳。

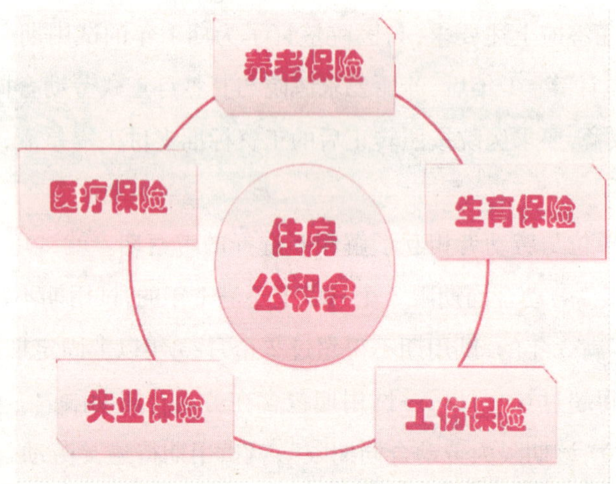

三、求职"护金符"

——朋友的朋友向我介绍工作,但是要我给她 2 万元送礼的费用? 这么多钱,可是别人说到好单位都是要花钱的,我怎么办?

某妇女以"认识领导"、能帮助就业为名,以请领导吃饭、送礼等为理由收取 8 名毕业生的好处费共计 103 万元,被法院以诈骗罪一审判处有期徒刑 11 年 9 个月。办案法官提醒,时下求职者尤其是应届毕业生应留意求职骗术,谨防上当。

毕业生对职业总是充满着各种美好的愿望,希望找到一个工资高、工作轻松、单位又好的工作,殊不知,这样的一种不切实际的想法往往被社会上的不法分子利用。他们利用求职者的这种心理,设下各种骗局,应届毕业生应该提高警惕,端正求职心态,才不会误入求职陷阱。在求职诈骗类案件中,行骗人经常使用三大骗术:一是大肆吹嘘,号称自己与某领导有亲戚关系;二是有时会拿出伪造材料,骗取学生及家长信任;三是收取高昂中介费,然后"人间蒸发"。当前网络时代,应届毕业生在求职时应特别提高对短信陷阱的防范,尤其是涉及个人银行卡、身份信息等的内容和兼职。

◆链接

常见的就业陷阱

陷阱一:街头张贴"高薪"广告	陷阱二:无执照"黑中介"诈骗
陷阱三:不法分子搭讪伺机诈骗	陷阱四:巧立名目骗取钱财
陷阱五:网络求职泄漏个人信息	陷阱六:签试用合同 够钟炒人
陷阱七:生死合同逃避事故赔偿	陷阱八:偏僻处面试 抢劫绑架
陷阱九:应聘"主管",惨变"业务员"	陷阱十:假招聘真宣传

课内课外:模拟招聘会——求职应聘必备“小贴士”

【内容】

转变观念,启迪人生。

【目的】

通过角色模拟的方式,让同学们了解招聘的基本礼仪及流程,使同学们能够根据社会的要求和自身的特长,作好职业规划以应对日益激烈的就业竞争,进一步加大就业指导力度,创新就业指导方式,提高就业竞争力。

【主题】

“职来职往”——我与招聘老师亲密接触

【方法与过程】

一、组织安排

主办部门:学校招生就业处

承办部门:学校学工处

二、活动时间和地点

报名:每年学校大型招聘会前 1 ~2 周举行。

三、活动内容

1. 赛程

赛前,邀请专业老师对报名人员进行一次关于如何写好求职简历和面试技巧的培训。

2. 岗位安排

每个专业选取一个岗位(如护理专业选取医院导诊、药剂专业选取药品营销员)。

3. 活动流程

(1)初赛流程

①成绩由简历情况来评定。

②简历筛选:先由学生代表对简历进行初选,再由学校专业教师、学校就业指导中心老师进行筛选,采用打分制,取平均分,按排名进入决赛。进入复赛的人数控制在报名人数的20%以内。

(2)决赛流程

考官由1名学校专业教师、1名行业专家和1名学校就业指导中心老师组成。

①个人才能展示:每名选手拥有3分钟时间向考官和观众展示自己才能,并向企业推荐自己,不得超时。此后,每名选手在5分钟内回答面试考官提出的两个与岗位有密切联系的专业问题。同一岗位各选手问题不得重复,不得超时。考官在选手回答结束后打分。

②工作实践提问:由该岗位面试考官组组长进行现场提问,内容包括工作实践和人生规划等方面,问题由考官现场准备。问题最多3个,回答时间为6分钟。不得超时。回答结束后,考官根据选手表现进行打分。

③现场提问:观众或其他参赛选手现场向当前选手提问(约3~5分钟),同时,由工作人员对每位选手的决赛三个环节得分进行统计,并得出获胜选手名单。

④评委点评:邀请现场嘉宾对比赛情况和选手表现予以点评和指导。

任务四

心动不如行动——创业

【名人名言】

青年是国家和民族的希望,创新是社会进步的灵魂,创业是推动经济社会发展、改善民生的重要途径。青年学生富有想象力和创造力,是创新创业的有生力量。

——习近平

【案例导航】

小玲学药剂专业,中职毕业后曾在一家药店工作,后因药店停业而下岗。药店的工作经历,让她很清楚当地药材市场经营中药的多,经营西药的少。于是,她在药材市场租了个柜台卖西药。柜台一个月的租金和她原来半年的工资差不多。小玲省吃俭用、起早贪黑,但由于竞争激烈,最初阶段经营得很艰难。后来,通过朋友介绍,小玲联系上几家医院,通过诚信服务、送货上门,使这几家医院成为了固定客户。

挣得第一桶金后,小玲买了门市房和箱式货车。她采用“平价药店”的经营模式,拓展药品零售业务,吸收个体药房加盟,逐渐形成规模。后来,她又组建医药物流企业,与三甲医院建立业务往来,收购了一家医药企业,形成集团化经营。随着资金积累,小玲又把视线投向亚健康人群和社区医疗、残障儿童康复。如今,她的集团旗下已经有 8 家子公司,让许多人有了工作,每年都到母校招聘新员工,成为当地著名的企业家。

【思考与讨论】

小玲的创业经历给你什么启发？你如何看待自主创业？

【温馨提示】

创业者要具有创业素质，成功往往与脚踏实地的付出以及拼搏的汗水相伴。创业者既能更好地实现人生价值，也能让身边的人分享自己的成功。

子任务一
创业的含义及意义

创业是就业之母，是发展的基石，是实现人生价值的重要途径，是大中专院校包括中职学校学生成长成才的重要途径。人类社会发展的历史就是一部创业历史。随着社会的迅速发展，各行各业都需要一批具有创业意识和创业能力的优秀创业者，越来越多的中职生走上了自主创业的道路，他们勇于创业，敢于创业，开创了属于他们自己的成功之路。

一、我的事业我做主——创业的含义

1. 创业的含义

创业是指通过投入已有的技能、知识、资金、技术，为自己或他人创造出新的就业岗位，同时创造出价值和财富的过程。狭义的创业就是由个人或若干人联合创办属于自己的企业。创业是中职生职业生涯迈向新高峰的标志。

2. 创业的特点

(1)创业是创造具有“更多价值的”新事物的过程。创业是一个复杂的创造过程——它创造出某种有价值的新事物。这种新事物必须是有价值的,不仅对创业者本身有价值,而且对社会也要有价值。价值属性是创业的重要社会属性,同时也是创业活动的意义和价值。

(2)创业必须要付出大量的时间和的精力,付出极大的努力。要完成整个创业过程,要创造新的有价值的事物,就需要大量的时间,而要获得成功,没有极大的努力是不可能的,而且很多创业活动的创业初期是在非常艰苦的环境下实现的。

(3)创业要承担必然的风险。创业的风险可能有各种不同的形式,取决于创业的领域和创业团队的资源。但通常的创业风险主要是人力资源风险、市场风险、财务风险、技术风险、外部环境风险、合同风险、精神方面的风险等几个方面。创业者应具备超人的胆识,甘冒风险,勇于承担多数人望而却步的风险事业。

(4)创业将给创业者带来的回报。创业带来的回报,既包括物质的回报也包括精神的回报,如报酬、金钱、独立自主、个人满足等。它是创业者进行创业的动机和动力。作为一个创业者,最重要的回报可能是其从中获得的独立自主的感受,精神上的鼓舞和自信,以及随之而来的个人的物质财富的满足。

对于一个真正的创业者,创业过程不但充满了激情、艰辛、挫折、忧虑、痛苦和徘徊,而且还需要付出坚持不懈的努力,当然,渐进的成功也将带来无穷的欢乐与分享不尽的幸福。

二、事业由我开创——创业的重要意义

◆链接

创业者最大的快乐就在于创业过程中去学习,去提升。很多时候是创业者因为自己搞不清楚而去创业,当你搞清楚以后就不去创业了,所以创业者书读得不多没关系,就怕不在社会上读书。

——马云

1. 创业是提高个人素质的途径

创业是自我学习和探索的过程,是磨练和提升自我的过程,是不断学习、不断提高、不断

发展的过程。在创业过程中,个人的阅历和经验越来越丰富,能力越来越高,知识越来越渊博,意志越来越坚强,人的发展得到了全方位的体现。创业成功,能给人带来信心,从中体验快乐与喜悦。即便创业一时失败,也会使人懂得很多道理,使性格在挫折中得到磨练、变得坚强,还能够为职业生涯的进一步发展积累经验,为未来的成功奠定基础。

2. 创业是职业生涯发展的飞跃

我国社会主义市场经济体制的不断完善,为越来越多的青年人成为企业家造了条件,有越来越多的青年人把创业作为人生的奋斗目标。创办自己的企业,失败与成功都由自己负责,把别人支配自己变成了自我支配,甚至支配别人,这种支配权不是来自于“上级”任免,而是靠自己财富的积累,无疑是职业生涯发展过程中一次质的飞跃。

这种飞跃,不但是在向社会、向自然挑战的过程中得到的,也是在向自己挑战的过程中得到的。在创业经受挫折时品尝烦恼,在创业获得成功时品尝欢乐,在烦恼、欢乐的交织之中体验个人价值的实现。

3. 创业有利于社会的发展

创业不仅能充分展示一个人的价值,实现职业生涯质的飞跃,而且是全面建设小康社会的需要,是提高社会科技水平的需要,也是提高社会就业率的需要。

(1)创业带动就业。创业不但是就业的一种形式,而且在就业方面具有“倍增效益”。社会需求的日益多样化,为中小企业发展提供了可能。根据有关测算,一个人创业成功,将有效解决5~6个人的就业。在就业难的大环境中,创业将大大缓解就业压力,有利于和谐社会的构建。

(2)创业鼓励竞争。从行业发展角度来讲,新创企业的加入和成功,会使行业竞争加剧,造成优胜劣汰的局面。而竞争的加剧,有利于经营良好的企业脱颖而出,从而有利于有限的社会资源得到合理配置,促进社会主义市场经济快速发展。

(3)创业伴随着创新,有利于推动科学技术的进步和社会生产力的发展。自主创新是国家发展战略的核心,是提高综合国力的关键。人才开发和技术创新是提高国际竞争力的关键。而创业往往伴随着创新。新技术、新方法对全社会科技水平的提高有着不可替代的作用,而社会的发展也由于创新企业的成功而被注入了新的活力。

子任务二
创业三重境

【读一读】

小李卫校中医护理专业毕业，就业形势严峻，一时没有找到合适的工作，便给在妇产医院附近开食杂店的父母帮忙看店。经常有产妇家属希望她帮熬月子汤。小李发现给产妇熬月子汤，商机无限，自己中医护理专业毕业，有中医和产妇护理的专业知识，自己创业开个“小李月子汤店”一定能行！在开店前，小李还做了不少准备：请教产科主任，摸清产妇生理特点及内分泌变化情况；请教中医专家，学习中药习性及搭配禁忌，自己还购买了大量的医学及营养书籍；发现很多产妇有产后抑郁症的情况，她又学起了心理学，为产妇提供心理干预服务；报名参加妇联的创办小企业辅导中心，学会了如何打开市场。小李精心研制了“通气汤”、“催奶汤”、“刀疤汤”、“营养汤”，以免费试喝的形式逐渐打开了市场，以实效的汤药、真诚细致的服务赢得了产妇良好的口碑，生意越做越大。

【想一想】

小李为什么能把成功创办“月子汤店”？小李的优势是什么？

【人生启迪】

从生活中仔细观察，发现并捕捉商机；有想创业、敢创业的意识；能结合自身优势，不断学习和提高；这都是创业者必备的素质和能力。

创业是一种主动性的就业方式，为了鼓励创业，国家和各地政府相继出台了一系列优惠政策，积极鼓励创业。而对于我们中职生来说，走创业之路具有独特的优势。近几年来，依靠自身优势，中职生创业成功的事例不胜枚举，他们在为社会做出贡献的同时也实现了自己的人生价值。

一、创业需有心——创业者应有的心理素质

想创业、敢创业，是创业成功的必要前提。创业者应具有独立、合作、果断、克制、坚忍、适应性强等心理素质，这些心理素质可以在日常生活和学习中得到提高。

1. 独立、自主的心理素质

创业既是为社会积累物质财富和精神财富，又是谋生和立业。因此，独立性是创业者最基本的个性品质。这种品质主要体现在：一是自主抉择，即在选择人生道路，选择创业目标时，有自己的见解和主张；二是自主行为，即在行动上很少受他人影响和支配，能按自己主张将决策贯彻到底；三是行为独创，即能够开拓创新，不因循守旧，步人后尘。

2. 善于交流、合作的心理素质

在创业道路上，必须摒弃“同行是冤家”的狭隘观念，学会合作与交往。创业需要与客户、公众媒体、企业内部员工打交道，需要通过语言、文字等多种形式，与周围的人进行有效的交流与沟通。创业需要通过合作排除障碍、化解矛盾、增加信任，降低工作难度，合作有助于事业的成功。

3. 敢担风险、勇于拼搏的心理素质

在市场经济大潮中，机会与风险共存。只要从事创业活动，就必然有风险伴随，事业的范围和规模越大，取得成就越大，伴随的风险也越大，需要承受风险的心理负担也就越大。立志创业，必须有胆有识、敢于实践、敢冒风险，才能变理想为现实。

4. 克服盲目冲动的心理素质

在创业过程中，创业者要善于克制、防止冲动，积极有效地控制和调节自己的情绪，使自己的活动始终在正确的轨道上进行，不会因一时的冲动而引起缺乏理智的行为。

5. 坚持不懈、不屈不挠、顽强努力的心理素质

创业过程是一个长期坚持努力奋斗的过程,立竿见影,迅速见效的事是极少的。创业者必须有一棵永远持之以恒的进取心,三心二意,知难而退,或虎头蛇尾,见异思迁,终将一事无成。此外,还要具备吃苦耐劳的精神,中职生白手起家没有什么竞争优势,只能靠自己吃苦耐劳的精神,亲力亲为,所以在创业之前,要做好充分的心理准备。

6. 善于进行自我调节、适应性强的心理素质

面对市场的变化多端,竞争激烈,创业者能否灵活地适应变化,成为创业成功的关键所在。创业者应具有较强的适应性,善于进行自我调节,能用积极态度看待来自工作和生活的压力,保持良好的心态,力争将不利变有利,将被动变主动,将压力变动力。

二、创业需有才——创业者应有的能力

创业是一种复杂的劳动,具备创业能力是创业成功的必要条件。创业能力是一种高层次的综合能力,可以分解为专业能力、方法能力以及社会能力三类能力。

1. 专业能力

专业能力是创业的前提能力。主要表现为三个方面:一是所创办企业中主要岗位的从业能力,二是接受和理解与所办企业经营方向有关新技术的能力,三是把环保、能源、质量、安全、经济、劳动等知识和法律、法规运用于本行业实际的能力。前两种能力,对于接受以职业教育的中职生来说,属于必须具有的能力,而第三种能力在部分学校没有得到足够的重视,应成为创业教育的内容。

中等职业学校不仅向学生传授专业知识,还十分重视专业技能的培养。我们在校期间接受了系统的专业知识和职业技能培训后,毕业时就具备了一技之长。我们的专业方向明确、具体,学习的课程既有专业性,又面向某一职业群,就业的指向性强;同时,中职专业的学习具有实践性,强调操作,上岗即可熟练操作。专业知识与技能对我们寻找创业项目、设计创业计划、实施创业活动、评估创业成效都很有帮助。

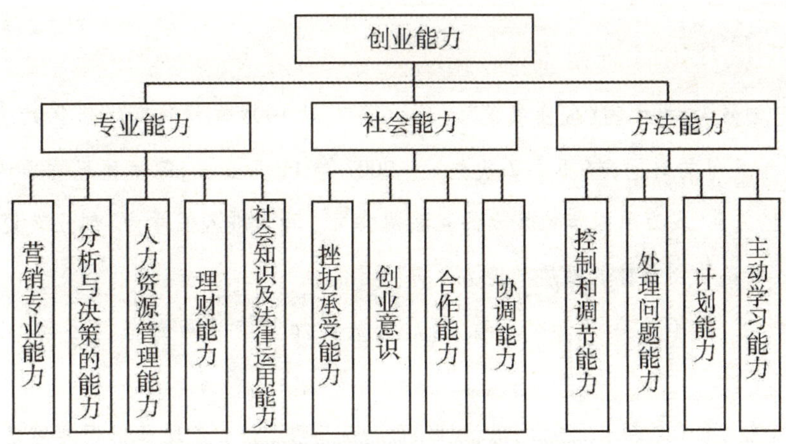

中职学生创业能力分解图

2. 社会能力

社会能力是创业的核心能力。主要表现为:人际交往能力、谈判和推销能力、企业形象策划能力、合作能力、自我约束能力、适应变化和承受挫折的能力、组织协调能力等。对于创业者来说,社会能力是一种特别重要的能力。如果说一些专业能力、选择和使用方法的能力的欠缺可以借助有能力的合作者和雇员加以弥补,那么社会能力却是旁人不可替代的。

目前,国家大力提倡在中等职业学校中开展创业教育。为了鼓励中职生创业,国家还提供了相关创业资源,尤其是政策上的支持。不仅如此,学校老师及家长也能为我们创业提供技术、资金、信息、设备、人脉等资源,并出谋划策。

3. 方法能力

方法能力是创业的基础能力。主要表现为:学习能力、信息接受和筛选能力、捕捉市场机遇的能力、分析与决策能力、迁移和创新能力、申办企业的能力、确定企业布局的能力、发现和使用人才的能力、理财和融资能力、控制和调节能力、评估和驾驭风险的能力、创新能力。成功的创业者,总是事先对成功的可能和失败的风险进行分析,选择成功可能性大的目标,所以创业者评估和驾驭风险的能力必须比一般人高。

作为中职学生,我们要积极参与学校组织的社会实践、实训、实习等活动,为我们中职生更广泛地了解企业运作创造了条件。同时,我们还能利用社团活动和寒暑期的社会实践,通过参与、体验,提高自己的组织及协调能力。

◆链接

阿里巴巴创始人、有中国“创业教父”之称的马云,从1995年接触网络到1999年阿里巴巴问世,马云用了5年的时间,经历了2次失败。2007年11月6日,阿里巴巴在香港联交所上市,市值200亿美金,成为中国市值最大的互联网公司。马云被人们誉为“创业教父”。马云的成功创业与其具备的创业者的素质和能力是分不开的。

1. 不甘落后、永不放弃。三次高考,两次失败更加坚定了马云坚持不懈、必须成功的信念。

2. 反应敏锐、勇于创新。马云敢想、敢做、敢为天下先,善于发现和把握网络发展规律,从中国黄页到淘宝,到支付宝,到阿里巴巴,勇于创新。

3. 善于合作、魅力服人。马云先后离开与杭州电信和外经贸部合作的公司,手下员工都愿意放弃更好条件甘愿吃苦受累追随马云重新创业。马云以其杰出的创业领袖的魅力带出了一支生死相依的创业团队,这也是阿里巴巴成功的一个重要原因。

三、创业需有备——在校期间的创业准备

在规划自己的职业生涯时,应根据内、外条件确定创业时间。既可以毕业后立即创业,把职业生涯规划的几个发展阶段设计为企业由小变大的台阶;也可以“先就业、后创业”,把创业安排为职业生涯规划中后期的某个阶段目标或发展的长远目标。对于涉世未深的中职生来说,后一种选择更稳妥。

我们应该充分利用在校学习的大好时光,了解创业的各种知识,在想创业、敢创业、会创业三方面提前做好相应的准备,为职业生涯发展的飞跃打下基础。

1. 调适心理、提高能力

决定创业后,我们应该了解自己与创业者应有心理素质、创业能力的差距,制订在日常学习和生活中调适心理、提高能力的计划。

例如信息接受和处理能力、分析与决策能力、控制和调节能力、创新能力,应该在学生时代锻炼,在工作中加以提高;而捕捉市场机遇和预见能力、发现和使用人才的能力、理财和融资能力,需要在学生时代有所了解,在日常生活和职业生涯中进行强化。要做创业的有心

人，在公共课、专业课学习以及在集体中为同学服务的过程，都是训练选择和使用方法能力的好机会。

不论把创业安排在哪个阶段，有创业意向的中职生，要有意识地在专业课学习过程中积累与创业有关的知识，在图书馆、阅览室查阅书刊资料或学习相关课程，在实训、社会实践中感悟，为缩短自身素质与创业要求的差距不懈努力。

2. 学会经营、懂得融资

要创业，必须掌握一定的企业经营与管理知识。具体来说，这些知识包括需要什么样的技术和人才、需要多少资金，还包括在创业注册和经营活动中应当掌握和运用的产品质量、安全生产、环境保护、劳动合同等知识和法律、法规。这些经营管理知识，中职生可以学习企业经营管理方面的普及读物。此外，还可以利用实习、社会实践的机会，有目的到与创业目标类似的企业看看，最好能进入企业内部工作一段时间，从不同角度了解企业的管理方式，带着问题在实践中观察、思考、感悟，注意企业的业务伙伴，观察管理者对人、财、物的组织和使用。

创业者必须考虑资金来源并学会融资。融资是企业筹集资金的行为与过程。对中职生来说，常用融资的方式有：一是依靠个人资金，通过自己打工积累资金，既能同时获得熟悉本行业经营管理、编织人际关系网络的机会，而且也会更加慎重地投入，减少失败风险。许多成功的企业家，当初创业时，第一笔投资用的都是自己的“血汗钱”。创办希望集团的刘氏四兄弟，一起辞去公职，创办养殖业时，凑到的1000元资金来自变卖手表、自行车和家中废铁。二是向亲友借贷融资，向亲友借贷时，要注意平时就应当建立良好的信誉，要先为对方考虑损失被给予书面保证。三是合伙人共同出资入股，合作出资，要明确彼此间的权利和义务，明确合作者的出资额、出资方式以及各自承担的责任，共同经营、共担风险、共享盈利；四是向银行贷款，如向银行申请个人创业贷款。个人创业贷款是指具有一定生产经营能力或已经从事生产经营活动的个人,因创业或再创业提出资金需求申请,经银行认可有效担保后而发放的一种专项贷款。中职生要善于利用有利条件和政策准备创业。

新政统一和提高了小额担保贷款最高限额,将个人、妇女、高校毕业生创业贷款最高限额提高到10万元;将合伙经营或者组织起来创业的贷款最高限额提高到了50万元,将劳动密集型小企业的贷款最高限额提高到了400万元。

◆链接

江西小额贷款担保新政

小额担保贷款是通过政府出资设立担保基金,委托小额贷款担保机构提供贷款担保,由经办金融机构发放,以解决符合条件的各类人员从事个体经营和劳动密集型企业自筹资金不足的一项贷款业务。江西省2012年6月20日出台政策,宣布施行小额贷款担保新政,让更多的创业者受惠。

新政策还扩大了小额担保贷款扶持范围,从小额担保贷款启动之初的下岗职工,发展到凡是进行了失业登记的所有有创业能力、创业项目、能提供反担保措施的各类人员,进一步增加了小额担保贷款的受惠群体。

3. 构思项目、编织网络

(1)构思创业项目

选择创业领域时,要注意以下三个方面:

第一,从自己的专长出发,经营熟悉的项目。

创业项目应有利于发挥自己的长处,要对项目所在行业有比较深入的了解。创业者本身的经验、学识、能力,对涉足行业的认知程度,对创业成功起着重要作用。不要从事不熟悉的业务,常言道"隔行如隔山",市场熟、产品熟、人际关系也熟,就能"驾轻就熟"。

第二,从市场需要出发,经营有商机的项目。

创业项目要从顾客的角度出发,要有相应的顾客群,从服务对象的需要考虑,要"适销对路"。市场的需求是有层次的,作为创业者,应密切注意市场需求,捕捉别人没有发现的商机,及时发现新产品、新技术、新服务、新工艺,果断调整,开发新项目,开拓新领域。如果人们无法获得所需要的产品或服务,这对创业者来说是一个填补空白的商机;如果现有的企业提供的服务不能满足需求,对于新企业来说这是一个提供更佳服务的竞争机会。

第三,从自身能力出发,经营力所能及的项目。

发现新商机时,要认真思考自己是否有能力利用这个机会。了解自己的现实条件,有助于决定开办什么类型、规模的企业。要审视自己的能力和条件,包括资金、专业特长、承受风险的能力等,看看自己能否把握这个机会。

(2)编织人际网络

开办企业的过程,实际上是一个组织供应商、承包商、咨询专家、雇员等的过程。为了找到合适的人选,必须有一个服务于即将创办企业的人际关系网。

◆链接

创业模式一:网络创业

网络创业具有传统创业不可能具有的优势。它不但可以利用现成的网络资源,而且门槛低、成本低、风险小、方式灵活,特别适合初涉商海的创业者。像易趣、阿里巴巴、淘宝等知名商务网站,都有较完善的交易系统、交易规则、支付方式和成熟的客户群。在互联网上注册设立网络商店是比较适合我们中职生创业的形式。

创业模式二:加盟创业

加盟创业也很普遍。典型代表是麦当劳、成都小吃、阿呀呀、酷啦啦等。加盟创业的好处与最大特点是利益共享、风险共担。创业者只需支付一定的加盟费,就能借用加盟商的金字招牌,得到专业指导和配套服务,创业风险有所降低。对于我们中职生来讲,这也是一种比较合适的创业选择。

创业模式三:寄生式创业

寄生式创业模式也称为"借鸡下蛋式"创业模式,这种模式很普遍,其形式为在别人已经开张的公司或店铺中插入自己的创业项目。如在小区内出租DVD影碟店中开辟一个缝纫店;在超市里开一个维修手机的柜台;在学校附近经营休闲食品的店铺中开一个公用电话亭等。这种模式的小店好处是二者互为补充,可多方面吸引顾客,充分利用门面空间,相对降低门面租金,不需要另外开拓消费群体,减少投资风险。

广泛有效的社会关系是自主创业的保障。一个刚开办的公司,往往需要得到各方面的帮助才能发展,具备"天时、地利、人和"才能成功。有创业意愿的中职生,应当有意识地建立自己的人际网络,要有意识地与相关的组织接触,并建立起联系;加强过去和现在的同学、朋友、邻居、亲戚、师长的沟通,这不仅可以加深双方的情感与友谊,也为今后的创业打下人脉资源的基础。

建立人际网络是训练人际交往能力、合作能力、适应变化和承受挫折能力等社会能力的过程。较强的社会能力,不仅是创业者必备的能力,也是受益终身的能力。

4. 敢闯敢试,亲身体验

创业的过程是一个亲身历练的实践过程,只有亲身体验了,我们才能有更深刻的了解和感悟。在学校读书期间,也可以进行创业体验,这时的创业体验能较好地为我们未来进行真正的创业积累经验。

创业体验可以采取模拟创业或者体验式创业的形式。模拟创业,即由同学合作建立模拟企业,并模拟经营。体验式创业,即利用学校的环境和条件,真正进行小规模创业的尝试,如在校园内外开设小花店、小影楼、小书摊、冰点屋、复印社、洗车房等。如果进行体验式创业应争取得到学校和老师的支持。结合自己的专业进行创业体验,对于学习创业和理解专业知识都很有益处。

四、学以致用

1. 自我诊断

根据创业者必备的心理素质,对“现在的你”进行自我诊断,再写写改进措施。

创业者应有的素质		自我诊断			改进措施
		较好	一般	较差	
1	独立性				
2	合作性				
3	果断性				
4	克制性				
5	坚韧性				
6	适应性				

2. 上网搜索

浏览一些企业家的人物传记和报道；查找一些中职生成功创业的案例和故事，从中体会创业意识形成、创业心理调适、创业能力提高的方法，学习经营思想和策略，在同学间相互交流探讨。

3. 调查访问

了解本校毕业生的创业情况，访问他们的企业，请他们聊聊创业的艰辛和成功的欢乐。

4. 创业方案大赛

参考《蓝天陶艺厅校园创业计划书》，结合个人实际，撰写一份你的创业方案，并逐级开展创业方案大赛。

《蓝天陶艺厅校园创业计划书》

蓝天陶艺厅是由某职业学校学生主办、学生管理的校园模拟创业小公司。

1. 市场定位

蓝天陶艺厅在校园里主要经营瓶、罐、杯、碟等各种陶艺产品的艺术设计、制作加工、陈设销售，并且承接有关的培训指导业务。陶艺厅还提供DIY个性服务，可以让顾客尽情发挥设计才能，制作独一无二的个性化产品，以满足现代青年发挥想象力、追求艺术实践和对个性化生活用品的需求。

2. 创业环境分析

S(strength)——优势。广告语是“我这款是最新的”、“我是艺术家”，产品制作过程全程透明，广大师生随时可以来观看各式产品的设计和制作全过程，使光顾陶艺厅的同学和其他顾客获得个性化产品的制作和指导服务，这会非常吸引年轻人。

W(weakness)——劣势。经验不足是我们最大的劣势，尤其是在原料采购、财务管理、产品烧制方面没有经验。

O(opportunity)——机会。国家大力扶持职业学校的实训基地，给我们创建陶艺厅带来更多的机会和可能。我们的主要参与群体是正值青春期、爱动手和对新鲜事物十分好奇的在校中职生。

T(threat)——威胁。我们的营业时间主要集中在下午4点至5点和7点以后,一些同学放学回家了,潜在顾客受影响。校园内的纪念品门市部以及校园里的其他手工艺品经销点是我们的主要竞争对手。

3. 拟订方案

具体项目内容包括:(1)产品设计;(2)资金来源;(3)人员分工;(4)设备技术;(5)经营场地;(6)销售渠道;(7)经营效益。

4. 项目可行性分析

首先,结合学校所设专业对学生的爱好进行了调查,发现许多应用美术专业的学生追求新款产品,愿意自己设计,喜欢动手制作。

其次,通过对非应用美术专业师生的问卷调查,了解到广大师生对由自己亲手制作一款DIY产品有浓厚的兴趣。

最后,分析这个项目存在的潜在风险,并提出解决办法,以应对各种变化。

5. 调整实施

拟从应用美术班学生和文秘班学生中组织15人作为蓝天陶艺厅的员工,每人出资300元,并从学校创业贷款办公室贷款5000元,作为项目启动资金。任命主管1人,原料采购人员1人,产品设计人员和DIY指导人员5人,会计人员1人,生产人员6人,卫生人员1人。

课内课外:赢在校园——培育创业基因

【内容】

学会创业,敢于创业,闯出"条条道路通罗马"的新天地。

【目的】

创业凝聚激情,创业改变命运。活动旨在使广大同学了解创业的基本知识,培养学生创业意识与创业精神,提高创业素质与能力,营造创业氛围。活动通过引导学生结合各专业特点,拟制创业企划书,为培养应用型复合型人才提供切实的更广阔的就业创业平台。活动可培养学生的沟通能力、说服能力、组织能力。在接受挑战的过程中,增强学生创业的勇气、信心和能力。

【主题】

"金手指"创业企划书——赢在创业起跑线创业方案大赛

【方法与过程】

一、参赛作品(创业计划书)要求

1. 具备创业性、实效性和可操作性的创业项目。

2. 参赛项目可结合学校专业特色、具有较强市场竞争力、有较好的潜在经济效益和社会效益,符合国家当前产业发展方向。

3. 创业项目的投资预算要合理、可转化性强。

4. 计划书内容包括:项目背景、市场机会、发展战略、市场营销、生产管理、财务分析、管理体系、风险评估等。

二、参赛形式

1. 竞赛鼓励以创业计划小组(团队)形式参赛(也可以个人参加)。全校学生均可报名参加。参赛者可以自行组成优势互补、人员配备科学、结构合理的创业计划小组,以小组形式参赛。各专业可采用自荐和推荐的形式,选拔出优秀选手组队参加全校的决赛。每个参赛团队3~8人。

2. 参赛团队应在广泛进行市场调研、认真进行可行性分析的基础上,完成一份把产品或服务推向市场的完整、具体、具有可实施性的创业(商业)计划书。

三、活动内容

创业企划书大赛是面向在校生举办的一场关于创业、创新的企划书大赛,目的在于稳固学生创业的第一步,让学生充分展示他们心中对创业和创新的具体设想。

四、活动流程

1. 准备阶段,赛前培训。

组织报名参赛队伍或选手进行赛前培训。赛前培训内容主要包括:帮助参赛学员优化配置团队及选择项目、创业意识训练、创业基础知识、如何拟写创业计划书、创业大赛中应注意的问题等。

2. 评审阶段。

(1)团队创意创业展示。用 PPT 进行展示,通过团队代表解说,活动情景表演等丰富多样、形式新颖的手法,展现团队的创意创业项目。每队 10 分钟之内。

(2)公开答辩。参赛团队按照大屏幕进行选题,题目与创业中可能遇到的各种问题有关,主要采取公开答辩的形式,展现创业团队和创业项目的优势,以达到向评委及嘉宾介绍创业计划并争取创业支持的过程。回答问题不得超过 5 分钟,超时扣分。

(3) 观众支持。场内观众代表公正合理的推介阐述,每人阐述 1 分钟内,总时长限时 10 分钟。

五、竞赛评委会构成

竞赛组委员会邀请学校领导、专业教师、创业培训师、创业成功人士代表等方面的人员组成评委会,负责竞赛的评分工作。

六、跟踪评估

针对有创意、有价值、操作可行性项目,可以引进社会资金开展项目评估,并赢取合作。

附 录

你问我答 你的心思我不用猜

1.《决胜职场:就业创业指导》这本书对我有什么帮助

进入卫校,很多同学开始迷茫,这三年我该怎么做?怎样才能愉快而充实地度过卫校时光?很多护理专业的同学会把通过护士执业资格考试作为自己的奋斗目标。可除了学习,我们还应该做些什么?本书告诉我们应该以就业为导向,规划设计我们的在校生活。

职业发展的道路有三个方向,分别是专业、管理、创业。我们的在校生活应该以职业发展方向作为引领,根据不同发展方向的不同要求安排在校生活。如果我们想要走专业技术道路,在校就应该通过奖学金、优秀实习生,护理技能比赛获奖者来证明自己的专业实力。如果我们想走管理路线,在校就应该竞选班干部或者进入学生会,以优秀班干部荣誉或者其它班干的职务来证明自己的管理能力。如果我们以后想自主创业,那么我们不仅要具备专业能力、管理能力,还应多关注所学专业行业发展与相关政策,建立良好的人际关系,通过不断参加各种社会实践活动增加自身社会经验和阅历,提高心理素质。

2. 就业工作安排

学校的就业工作安排大体如下表。每年依据就业政策略有调整。

入学初期	以班为单位进行就业指导	以就业为导向,制定在校学习目标
毕业前一年	核对学生报到证信息	初步上报毕业生派遣信息至省就业指导中心
毕业当年4月份	学校统一开展毕业生培训指导	帮助毕业生摆正心态,从容毕业就业
毕业当年5月份	开展校园招聘会	学校搭建毕业生与用人单位面对面交流平台,促进就业

3. 就业协议书

《毕业生就业协议书》是明确毕业生、用人单位和学校在毕业生就业工作中权利和义务的书面表现形式。一般由国家教育部或各省、市、自治区就业主管部门统一制表。由学校发给,毕业生签字,用人单位盖章,毕业生本人保存一份作为办理报到、接转行政和户口关系的依据。就业协议在毕业生到单位报到、用人单位正式接收后自行终止。与劳动合同不同(劳动合同是毕业生上岗后,从事何种岗位、享受何种待遇以及相关的权利和义务的法律依据)。

4. 毕业生档案

毕业生档案和我们的户口本一样重要。档案是学习经历的证明,里面有各个时期的学籍卡、成绩单、各方面的评语、获奖证明、党团材料。这些都是原始材料,不可复制。应届生应关心自己的档案,免得未来不必要的麻烦。

5. 档案的重要作用体现在哪些方面

档案与我们的经济利益直接挂钩,一旦未及时办理存档手续,弥补起来不但麻烦,而且造成一定经济损失。

(1)档案与工龄

很多毕业生找到工作后,没有及时办理参加工作手续,工作几年后仍然是学生身份,从而影响了自己的转正定级,也影响到工龄和退休金的计算。

(2)档案与福利

毕业生在个人办理养老保险、继续深造(如出国、考研)、考公务员等事关个人切身利益的问题时,都要用到档案。

(3)补办档案与原始材料

虽然现在有的单位可以补办新档案,但以前的经历、工资、职称等历史原始材料将不复存在,势必造成一定损失。

6. 毕业生档案可以挂到哪里

(1)把档案转至生源地,由所在地级市的人事局或者人才服务中心接收。比较适合准备在生源地范围内就业的毕业生和暂时不想就业的毕业生。

(2)把档案转至就业代理或人才交流中心。比较适合创业、灵活就业的毕业生。

7. 毕业生就业推荐表

毕业生就业推荐表由学校印制,免费提供给毕业生,每生一份,填写之前把填写内容写在草稿纸上后抄到推荐表上。填写推荐表需注意不要留空白,字迹工整,自我推荐信息全面,将自己优势写清楚。

8. 就业报到证

报到证的重要性相当于你的身份证。其全称是《全国普通高等学校本专科毕业生就业报到证》,它是由教育部统一印制、省级高校毕业生就业主管部门签发的,只有列入国家就业方案的毕业生才持有。是用人单位安排毕业生工作,并接转毕业生人事档案、户口的有效凭证。报到证只能一人一份,由其他部门印制或签发的报到证无效。

报到证必须妥善保管,不论什么原因,凡自行涂改、撕毁的报到证一律作废。如报到证遗失,应由毕业生本人提出申请,由学校上报省毕业生就业主管部门批准并予以补发。毕业生在离校时,均有一张报到证。只要是对学生负责的用人单位,都应该很重视报到证;对于作为中国普通高校毕业的应届生来说,在现有体制下,报到证的作用必将影响你毕业之后的生活。

9. 报到证的作用

(1)报到证是教育主管部门正式派遣毕业生的凭证。

(2)报到证是毕业生到用人单位报到的凭证,凭报到证报到以后方可开始计算工龄。

(3)报到证是用人单位接收毕业生的重要文字证明。

(4)报到证是任何一个合法的人才中心、档案管理机构接收毕业生档案的证明。

(5)报到证是用人单位给毕业生落户、接管档案的重要凭证和依据。

(6)报到证证明持证的毕业生是纳入国家统一招生计划的学生。

(7)报到证是毕业生的干部身份证明。如果没有报到证,毕业生将会失去干部身份,成为社会劳动人员(工人编制);而且人才中心无法接收毕业生的档案。按照我国目前的人事管理规定,由人事局管理干部(档案一般放在人才中心),由劳动和社会保障局管理工人(档案一般放在职介所)。

10. 如何补办报到证

如果不慎遗失报到证,毕业生应该持毕业证、身份证到学校行政办公室复印招生录检表,持复印的录检表到招生就业处打遗失证明,再到对应的政府机构毕分办办理正式的遗失证明。

11. 五险一金

社会保险=养老保险+医疗保险+失业保险+工伤保险+生育保险+住房公积金。

12. 学校招生就业信息查询方式

毕业生可登录南昌市卫生学校网站 http://www.jxncwx.com/,或拨打学校招生就业处电话0791-86254830。

参考文献

[1]蒋乃平. 职业生涯规划. 北京:高等教育出版社,2013.

[2]温树田. 就业与创业指导. 北京:人民卫生出版社,2008.

[3]田光泽,李祥伟. 创新职业指导 - 新理念. 北京:中国劳动社会保障出版社,2014.

[4]尚志平. 就业指导与创业教育. 北京:高等教育出版社,2004.

[5]李志、吴元佑主编. 高职大学生就业指导. 北京:人民交通出版社,2007.

[6]邓鼎森主编. 职业道德与职业生涯规划. 江西:江西科学技术出版社,2008.

[7]http://www.qncye.com/qibu/zhishi/10141655.html.

[8]柳君芳,姚裕群. 职业生涯规划. 北京:中国人民大学出版社,2009.

图书在版编目(CIP)数据

决胜职场：就业创业指导/杨海根，王洪主编. --
南昌：江西科学技术出版社，2015.7(2021.7重印)
ISBN 978-7-5390-5330-1

Ⅰ.①决… Ⅱ.①杨… ②王… Ⅲ.①大学生-职业
选择 Ⅳ.①G647.38

中国版本图书馆CIP数据核字(2015)第148155号

国际互联网(Internet)地址：
http://www.jxkjcbs.com
选题序号：ZK2015130
图书代码：X15008-106

决胜职场：就业创业指导 杨海根 王洪 主编

出版 发行	江西科学技术出版社
社址	南昌市蓼洲街2号附1号 邮编:330009 电话:(0791)86623491 86639342(传真)
印刷	江西千叶彩印有限公司
经销	各地新华书店
开本	787mm×1092mm 1/16
字数	140千字
印张	6.75
版次	2015年7月第1版 2021年7月第6次印刷
书号	ISBN 978-7-5390-5330-1
定价	25.00元

赣版权登字-03-2015-97